18人の〝きょうの鍋〟

五十嵐圭さんの
豆乳ごま味鍋 —— p.12

「あの、正直に言いますね。取材ということで、ちょっと豪華にしようかと思って、いかしゅうまいと赤海老を買いました。実は、こんなの買うの初めてで。普段は豚肉と水菜ときのこぐらいなんです！」

石原汐梨さんの
スンドゥブ —— p.19

「お鍋をするのは、献立決めが億劫なときですね。ただそういうときでも、何かが食べたいというより、その何かを作る工程が好きで、料理することが多くて。野菜を刻むとか、餃子なら包む工程とか」

夏目楓太さんの味噌煮込み鍋 ── p.26

「鍋っていうと僕にとっては基本的に、たまに適当に作るもの。だけど地元の味が食べたくなるときにもよく作るんです。味噌煮込みうどん的な鍋、食べたことありますか？」

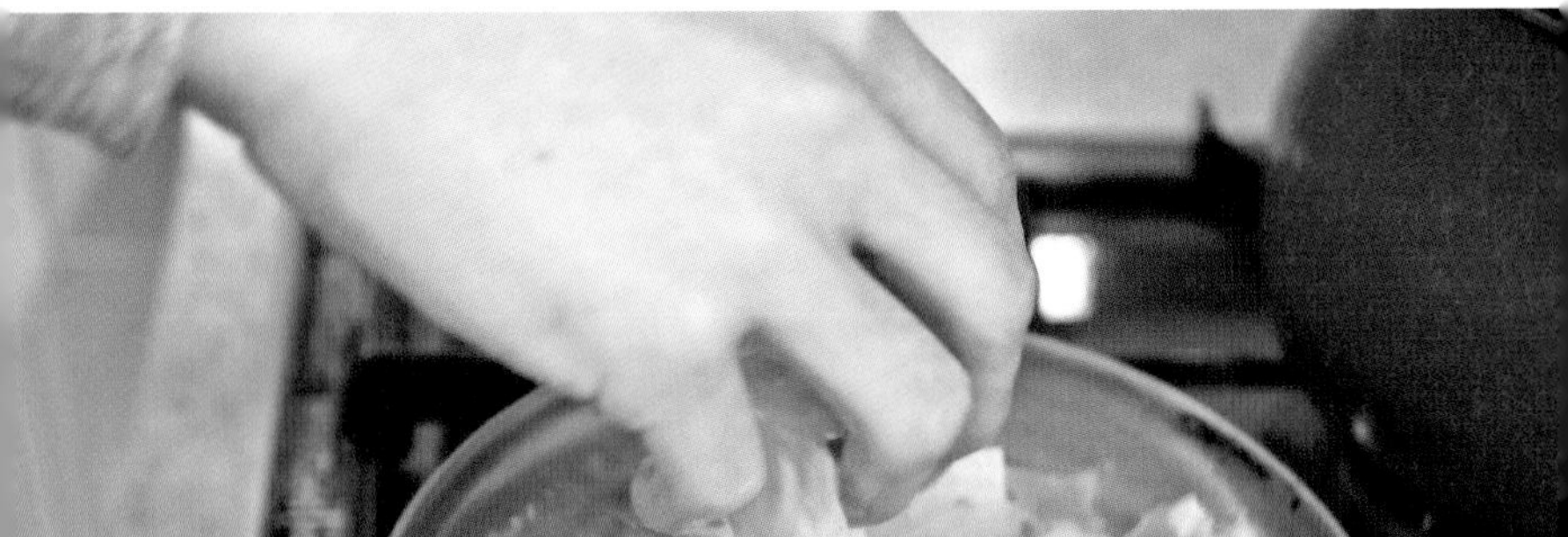

上田和範さんの冷凍野菜鍋 —— p.35

「帰宅してからここまでやって、煮ている間に着替えたりしてます。遅い時間に帰ると、やっぱり料理をイチから始める元気も湧かなくて。冷凍野菜は休日にまとめて作っておくんですよ。炒めものにも使えて、便利です」

加藤哲也さんの魚すき —— p.43

「どっかで食べたのを真似ているんだよ、よく覚えてないけどね。ほぼもう俺流だ」

条真美子さんの“ごった煮”鍋 —— p.56

「うちの鍋はとにかく、ごった煮。シンプルなおいしさも分かりますけど、なんでもいっしょくたに食べられるのが私にとってはいいところなんです。仕事が終わって急いで買いものして、あれこれ作っていられないですからね」

ニコ・ニコルソンさんの餃子鍋 —— p.66

「フタをして火にかけて、しばらく放っておけるのが鍋のいいところ。普段なら作画に戻ってますよ。煮えるまでにまたちょっと描けますからね」

望月啓子さんの「一番適当なお鍋」

—— p.75

「おいしいよりも、ラクがいい。だから鍋はいいですよね、野菜もたんぱく質もとれるし。冬は週3回ぐらいやるかな。味つけしなくても、各自の好みで調節出来るのもいい」

大高美和さんのトマト鍋 —— p.88

「この大根、近所の農家さんの収穫体験でいただいたんです。他に、にんじん、きのこ、鶏肉。ブロッコリー……じゃなくて、名前なんでしたっけね。私、管理栄養士だけど料理は苦手で、食材の名前もすぐ忘れちゃって」

瓜生和成さんの
豚しゃぶ鍋 —— p.97

「野菜を消費するのにもいいから、鍋はよくやるんです。今の時期はほうれん草と豚のしゃぶしゃぶが定番で。ちょっと前までの寒い時期には、白菜とねぎを鍋にたっぷり入れてました」

服部エレンさんの
鶏団子鍋 ── p.106

「このレシピ、ご高齢の方でも食べやすいようにと考えてのものだったようです。いやー……でも緊張しますね。いつもは取材する側ですが、取材を受けるなんて初めてですから。実は前もって細切りの練習もしてたんですよ」

白寅宰さんの
鯖キムチ鍋 —— p.120

「これ、鯖とキムチのチムという蒸し煮料理なんです。家でよく出てきたんですよ、父が魚料理好きなので。僕も好きですけど、家にいた頃はもっと肉が食べたいと思ってました(笑)」

おチヨさんのうどんすき —— p.128

「冷凍のおうどん、ヘタな乾麺ゆでるよりよっぽどおいしい。最初から入れて煮ちゃいます。そのほうが味入る。煮込んでプヨプヨになったうどん、好きなんやもん」

大網直子さんの鱈と牡蠣の鍋 —— p.137

「(調理プロセスは)切るので精一杯。一品できればいいんです。だから鍋はよくやりますよ。定番の具は鱈と牡蠣。鱈もほら、切れてるのがあるじゃないですか」

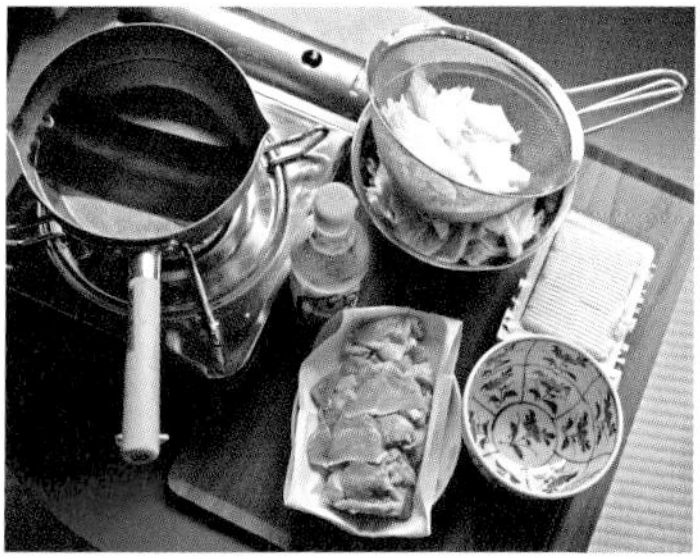

桂吉坊さんの湯豆腐 ── p.145

「米朝師匠がお好きだった、豆腐と白菜だけの湯豆腐です。まず豆腐だけ昆布出汁で煮て、濃口醤油と花がつおで食べてから、次に白菜を入れます。鍋のときは他におかずなし。だから『きょうは鍋や』と言われると『助かったー』と思いました、ラクですから」

須賀典夫さんの
ケジャン入りキムチ鍋 ── p.160

「ケジャンって知ってるかな。生で食べるものだけど、鍋に入れてもうまかろうと思ってやってみたら、おいしくてね。きょうはケジャンを入れたキムチ鍋を作ります」

角谷香織さんの
京野菜鍋 ── p.170

「料理はするんですけど、ひとり鍋ってあまりしなくて。鍋を食べたいときは大体、誰かのところに野菜を持ち込んでいるんですよ」

大貫伸弘さんの
野菜しゃぶしゃぶ鍋 ── p.178

「葉肉が厚くて、食感もしっかりしてるんですよ。加熱してもおいしいから、きょうはこのレタスのしゃぶしゃぶにします。あとは大根やにんじんをピーラーでむいたのと、鶏肉を具にして」

名前のない鍋、きょうの鍋

白央篤司

光文社

はじめに

「鍋つゆの素がなかったら、鍋はしないですね」

数年前のある日、少なからず衝撃を受けた。仕事関係の人たちと雑談をしていて「鍋だったら何が好きか」みたいな話になり、家での鍋作りの話題になったときのこと。「鍋をするならスーパーで何かしらの鍋つゆを買ってきて、パッケージに書いてあるレシピ例のとおり、野菜や具をそろえてやるのが常」とその人は言う。

驚いた。私にとって鍋とは野菜類などが余っているとき、一度に片づけたくてやるものだったから。それだけじゃさびしいので、手頃な肉や魚介なりも買ってなんらかの出汁で煮る。あとはぽん酢があれば一食になるラクさ、気軽さもうれしい。鍋とは私にとって主に食材使い切り術のひとつだった。

「使い切るとか、あるものを適当に入れるってイメージはまったくないです。だってレシピどおりやらないと、おいしくならないと思うし」

鍋って「レシピ」という言葉からいちばん遠いような存在に当時の私は思っていたので最初は戸惑ったが、だんだん「なるほど、そういう考え方もあるか」と新鮮に思えてくる。

同時に私は鍋のありようを自分の主観だけで決めつけていたのだと気づかされ、反省した。料理に限らず「○○とはこういうもの」と自分の経験や知識だけで決めつけるのは慎むべきことと思ってきたつもりなのに、まだまだダメだなと。

当たり前だが、鍋の形も人それぞれなのである。よく考えてみればスーパーで鍋つゆの素の棚は年々面積を増し、種類も豊富になっている。今まであまり意識してこなかったが「あるもので適当に、昆布出汁でも張って、ぽん酢で鍋派」はひょっとしたら少数派になっているのかもしれない。

急に気になりはじめた――今、日本に暮らす人々は家でどんな鍋をしているのだろうか。ありものでやっているのか、何かレシピを参考にしているのか。東西に長い日本、地域ごとに定番の鍋もいろいろある。食材による地域色もきっと出るに違いない。年代もそうだ、若い人のやる鍋とご高齢の方たちが好む鍋には必ず差が出るだろう。いやひょっとして、今やあまり変わらないのかも？

そもそも鍋自体はどんなものが多く使われているのか。うちはずっとスーパーの食器売り場で買ったシンプルな土鍋だったけれど、あるとき無印良品が出していたステンレスの鍋を買ってみたら軽くて実に扱いやすく、以来すっかり土鍋はほこりをかぶっている。家での鍋って、他にどんなものが使われているだろう。そして人気の味つけは。スーパーを何軒かまわれば、豆乳味噌やごま味噌風味の鍋つゆがいちばん目立つ棚によく並んでいる。韓国のチゲ風味も人気のようだ（韓国語でチゲは「鍋」という意味だから、鍋風味というのも本来はおかしい話だけれども、ここでは唐辛子のきいた味噌味的な意味で書いている）。実際これらの味つけは人気なのだろうか……と、鍋に関する疑問や興味が次々と湧いてきて止まらなくなった。

市井の人々のリアルな鍋の姿を知りたい。現代日本に住む人たちがどんな風に鍋とつきあい、その中にどんなものを刻み入れて、味つけはどうしているのかを取材したい。思いが湧き立ったその日のうちに知り合いのネットメディアの編集者にメールを送ったら、翌日「面白い、やりましょう」とすぐ返事をもらえたのは幸運という他なかった。朝日新聞ウィズニュースの水野梓編集長にあらためて心より感謝申し上げる。

本書では18人の「いつもの鍋」を紹介している。「なぜ、こういう鍋をされるのですか」という問いかけから、その方の育ってきた環境のこと、なじみある土地への思い、家族構成、趣味、関わっている仕事とその状況など、話は多岐にわたって想像以上に広がった。大事な人の思い出が詰まった追憶の鍋もあれば、栄養バランスや手軽さを優先した結果という人もいる。皆それぞれに、鍋から人生が垣間見えてきた。

取材するたび、日本における「鍋」というものの良さ、面白さを再確認することも多かった。実に融通無碍《ゆうずうむげ》なものと何度も思い、あらゆるシーンに対応可能なマルチな存在であるというのが私の思いだ。そして取材中は鍋を挟んでご相伴にもあずかるわけだが、間に湯気をたたえた鍋があるだけでなんとなく胸襟が開くというのか、訊きやすくもなり、あちらも話しやすくなるようなムードが生まれてくる。そんな不思議な感覚を覚えたのは一度や二度ではなかった。これも、鍋の力と思う。

本企画の取材はすべて「自宅に上がらせていただき」「台所と作っているところを実際に見て」「食べているところも含めて撮影させていただく」を条件にお願いしている。台所や冷蔵庫の中の感じ、家の中のちょっとしたインテリアや棚に並ぶ本や小物、壁に貼られたお子さんが描いた絵、飾られたフォトフレームの中の笑顔や風景、長年使ってきた家具から発せられる生活の匂い、その人が暮らすまちの空気感……といったものが、協力者の方々の生き様を雄弁に語ることも多々あり、それらを総合的に感じた上で文章にするというのは実にやりがいのある仕事となった。台所というプライベート極まるところに上げていただき、取材させてくださった方々に再度心よりお礼を申し上げたい。

白央篤司

もくじ

コラム

本書は朝日新聞ウィズニュースで2021年11月から2023年6月までに不定期掲載された『名前のない鍋、きょうの鍋』から18編に大幅加筆、再構成してまとめたものである。なお、年齢などはすべて取材当時のまま掲載した。単行本ページ数の関係で掲載記事すべては収録できず、取材させていただいたのに本書に掲載できなかった皆様には心よりお詫び申し上げます。

マイ鍋・マイスタイル

ひとつひとつ、
日々の営みを積み上げて

i

五十嵐圭（いがらし・けい）さん
1976年、千葉県市川市生まれ。大学卒業後、ラジオ局に就職したのちテレビ業界に転職。地方局のアナウンサーとして長年活動し、現在は通信社のデジタル部門でのニュースディレクターをつとめる。東京都在住、ひとり暮らし。

海老も入るけれど「実は普段は……」な豆乳ごま味の鍋

買ってから20年はゆうに経っているという五十嵐さんの鍋は、その年季が信じられないほどにきれいな様を保っていた。大学を卒業して、赴任先でひとり暮らしを始めたときに買われたという。物を大切に使われる人なのだと、感服に近い気持ちを覚えた。しかし、大型でファミリータイプなのはどうしてだろう。

「友達が遊びに来てくれることになって、鍋をしようと思ったんです。みんなで食べやすいだろうな、って。新潟のホームセンターで確か1500円ぐらいだったかな」

ぼそりと小さくつぶやいた声も耳にスッと入ってくる。放送業界で育った人ならでは、という感じの発声と響きだった。五十嵐さん、実は元アナウンサー。テレビの歌番組やバラエティが全盛だった80年代、ニュース番組を熱心に見る子どもだった。キャスターに憧れていたのである。

「逸見政孝《いつみまさたか》さんと幸田《こうだ》シャーミンさんがキャスターだった、フジテレビの『スーパータイム』をよく見ていました。ニュースを柔らかく伝えるというか、キャスターが立って、気楽に伝えるスタイルを新しく感じて。カッコいいな、自分も出たいなと思うようになったんです」

いわゆる就職氷河期世代だが、大学卒業後に新潟のラジオ局に入ることが出来た。1年後に高知のテレビ局へ転職して数年を過ごしたのち、愛媛県のテレビ局に転職し、アナウンサー兼記者として働く。

「テレビ局の入社式が終わってすぐ、『室戸で竜巻が発生したから、すぐ現場へ行って』と指示が飛んで。報道経験ゼロで取材に行かされて、10キロの三脚かついで山に登りましたよ。その2週間後には暴力団のガサ入れ取材の担当になりました」

一事が万事そんな調子でしたと笑われる。習うより慣れろ、仕事は見て〝盗んで〟覚えるもの的なノリがまだまだ「普通」の時代だった。そして地方局のアナウンサーは自分で取材してVTRの編集も行い、原稿を書いて読むまでをやる、つまりすべて自分でやるというのもわりと「普通」だったりする。

「だからとにかくもう忙しかったですよ。アナウンサーになった当初は自炊なんかしませんでした。店屋ものやレトルト、スーパーのおそうざいに頼りきりです。でも半年ぐらいそんな生活を続けてたら、若かったのに疲れやすくなってしまって」

もっと食事に気をつけなくてはと自分を戒め、料理を始めた。24歳のときだった。

「だんだん旬のものを食べる楽しさを知って、料理が好きになっていきました。でも難しいことは出来ません。ただ焼くとか、煮るぐらい。基本的に面倒くさがりなんですよ。カレー作りすら面倒で。野菜の皮をあれこれむかなきゃいけないでしょ。だから作るならビーフストロガノフ、玉ねぎの皮をむくだけでいいから（笑）」

そんな五十嵐さんにとって、鍋はありがたく、頼りになる存在のよう。

「『まともに食事出来てる！』って感じがしていいですよね。普通の家みたいなことしてるなぁ……って気持ちになれる。ごはんを炊くぐらいの時間で準備出来るのもいい。冬だったら週に2〜3回はやっています」


決して広いとは言えないキッチンスペース内で（ごめんなさい）、てきぱきと水菜やえのきを刻まれていく。きょうの具は他に豚ばら、ミニトマト、いかしゅうまい、アルゼンチン赤海老とバラエティに富んでいる。ミニトマトはひとつずつ水洗いしてから鍋へ。うーん、マメだなあ。味つけはいわゆる「鍋つゆの素」、「豆乳ごま味が用意されていた。

「具はホント、気分によって適当なんです。スーパーに行ってそのとき安いものを買っているというか。あ、そういえば……うちの母親も同じような感じでしたね。料理はその日の手頃な食材で作るのが基本でした」

親子はこういうところも、似たりする。

具を刻みながら、少年時代のことを教えてくれた。3人兄弟の真ん中で、10歳のときに父親が倒れ、長らく病床にあったこと。母親が商売をして3人を育て上げてくれたが、やはり経営は大変そうだったこと。忙しいから手のかかる料理は作らず、寄せ鍋が多かったことなど。

どんな気持ちで、その背中を見ていたのだろう……と訊こうとしたとき、「あの、正直に言いますね。取材ということで、ちょっと豪華にしようかと思って、いかしゅうまいと赤海老を買いました。実は、こんなの買うの初めてで。普段は豚肉と水菜ときのこぐらいなんです！」

と言われたので、ふたりで大笑い。いやはや、いつもの内容をグレードアップしやすいのも鍋の長所で、便利なところである。

慌ただしい仕事生活の中で「ひととおりの料理は経験した」という。いろいろやってみて、ごく簡単な食事のみを作るというところに落ち着いた。

「食は大事にしたいけど、手間は最小限にしたい。それなら鍋は最適解じゃないでしょうか。就職で地方に行って、友達もいない環境で仕事をしているとわびしくて。なので、せめても食生活は豊かに、ホッと出来る時間にしたいという気持ちが人一倍強かったんです」

何かが煮える音というのは、ときに穏やかなBGMにもなると常々私は思っている。そしておいしさを感じたとき、人間はホッとするものだ。おいしさの形も人によっていろいろあるけれど、五十嵐さんはしっかりと「自分にとって大事なおいしさとは」を考えて、暮らしている人だと感じた。

将来を見据えて、自炊力を身につけたとも言われる。

「リタイアしたとき、出来あいのものだけで過ごすとしたらつらいだろうなと。簡単でいいから自炊をして、旬のものを食卓に並べたい。健康とそれなりのおいしさも考えつつ、生活を調えていきたくて」

お鍋のご相伴にあずかれば、赤海老の殻といかしゅうまいがいい出汁になって、鍋つゆがコク深い。そのつゆがよく絡んだえのきが、実においしかった。


現在五十嵐さんは四国を離れ、父親の出身地である東京の中野区で暮らしている。自身がキャスターの番組が終了して「アナウンサーの仕事は全うした」という思いに至り、退職を決めた。トータルで14年間のアナウンサー人生だった。

「新人時代から30代にかけて、報道の現場で本当によく働いたと自分でも思えます。40代半ばになった今、ワークライフバランスも考えていきたい」

転職先は通信社のデジタル部門だ。

「やっぱりニュースが好きなんです。今は何十というメディアから配信される何百もの記事を毎日読めること、それらをキュレーションして各メディアの記事と読者へ繋げていくことに、新たなやりがいを感じています」

あらかた鍋の中身もなくなって、コンロの火を止める。社会に出てからの五十嵐さんを、この土鍋はずっと見つめてきたのだなと、あらためて眺めてしまった。新潟、四国、東京と、長い長いお供である。そして、これからも。

石原汐梨（いしはら・しおり）さん
2000年、栃木県佐野市生まれ。県内の高校を卒業後に上京し、多摩美術大学の建築科に入学する。2022年卒業、神奈川県でひとり暮らし。

現在就活中
辛みしっかりで作る
スンドゥブ

冷蔵庫の中を見せてもらえば、調味料がいっぱいだった。トウバンジャンにコチュジャン、オイスターソースにスイートチリソース。ゼラチンや鶏がらスープの素も並ぶ。鶏がらスープの素は、ちょっと値段の張る人気の銘柄。チルドルームには使いかけの野菜やお肉も見える。日々料理している人の冷蔵庫だ。石原汐梨さんは大学4年生、2000年というキリのいい年の生まれである。

「ひとり暮らしするようになってから、料理が好きになりました。もともと興味はあったんですけど、母も料理好きで、実家だと台所は母のテリトリーだったから、遠慮もあってなかなか出来なくて。自分の好きなようにあれこれ料理出来るのがうれしかったんです」

長ねぎや白菜がたちまち刻まれていく。きょうの鍋はスンドゥブ（韓国料理の豆腐入り鍋）で、仕込みながら自身のことを教えてくれる。切り方がきっちりとされていて、雑なところがない。ていねいなお人柄が感じられてくる。

「そうですか（笑）？　でもお鍋をするのは、献立決めが億劫《おっくう》なときですね。ただそういうときでも、何かが食べたいというより、その何かを作る工程が好きで、料理することが多くて。野菜を刻むとか、餃子なら包む工程とか。友達の家に行って作ったり、招いて作ったりするのも好きです」

部屋はロフト付きの1Kタイプ、コンロはひとつ。キッチンスペースは決して広くはな

SPICE FAC
豆板醤
近藤
牛乳

いが、苦にされるでもなく様々な料理にチャレンジしている。SNSのアカウントには友人を招いて作った料理の数々が上げられていた。から揚げが山と積まれたパーティの日も。この小さなコンロで全部揚げたんだなあ……。

さて話はスンドゥブに戻る。すっかり日本でも人気となった料理で、スーパーなどでも既製品の「スンドゥブの素」がよく売られているが、ある日「イチから作ってみよう」と汐梨さんは挑戦してみた。

コチュジャンとトウバンジャン、にんにくとしょうがで鶏肉を炒めてから、豆腐や白菜を煮込んでいく。お、トウバンジャンはかなり多め。辛いのがお好きなんだな。しかしレシピは何を参考にされたのだろう。投稿サイトだろうか。

「いえ、いろんな人が投稿してるものより、食品メーカーさんのサイトとか、料理研究家の方のサイトを参考にすることが多いですね」

確かに投稿サイトは良くも悪くも玉石混淆《ぎょくせきこんこう》。汐梨さんにリテラシーを感じた。ちなみに料理研究家、冨田ただすけさんのサイト「白ごはん.com」を参考にすることが多いとのこと。

そうこうするうち、鍋が煮え頃に。〝取っ手の取れる〟テフロンタイプのフライパンで煮込んで、そのままテーブルに置いた。深さがあって、1~2人前の鍋としても便利なものだ。

「豆腐と長ねぎは絶対入れて、あとはその日あるもので。最後にごま油を加えて完成です」

えのきと春菊も多めに入れて煮込み、火を止めてからごま油を加えた。ぐつぐつ煮ているところに入れると、ごま油の香りが飛んでしまうから。最後に用意したのは山椒の粉、花椒《ホワジャオ》の粉、ラー油。この3点セットでの風味づけが、汐梨さんの鍋のお決まりである。

いろんな香りが漂う中、これまでのことをうかがった。


絵を描くのが好きな子どもで、建物にも興味があり、気になる家を見つけると「どんな暮らしがそこにあるんだろう」と想像するような少女時代。次第に美術大学を目指すようになり、高校生の頃は美大の予備校にも通った。推薦枠から多摩美の建築科に合格する。

しかし入学してすぐ、「これは大変だ」と感じることに。

「技術的にレベルが高くて、情熱的な人がたくさんいて……。生半可な気持ちでやっていけるところじゃないな、って思いました。先生に『一生建築でやっていくぐらいの気持ちがないとダメだぞ』って言われて、自分にそこまでの気持ちがあるんだろうかと。進級はいつもギリギリでした」

就職活動の時期になっても、志望先が定まらない。

「将来、何をしたらいいのか分からなくて、焦って。やりたいことを見つけなきゃとは思うんですけど……。そんな状態だから、面接でもやっぱりうまく喋れないんです」

聞いていて、切なかった。20代の自分とまったく一緒だったから。私は就職氷河期の真っ只中世代だけれど、仲良しの同級生たちはバイタリティ全開という感じで入社試験や面接をこなし、内定を得ていく。彼らがまぶしかった。太陽を見たあと、視界が黒ずんで何も見えなくなるような、そんな心持ちになっていた当時を思い出す。みんなと同じように動きまわれず、働きたい会社すら絞り込んでいけない。とにかくどこかに就職しなければとも割り切れない。劣等感が降り積もってくるような毎日だった。

「働かなきゃいけないな、って思っています。春からは就活をしつつ、フリーターです」

これだけお料理が好きだったら、仕事にしようとは思いませんか。

「実は、調理師や和菓子職人への憧れがあって、専門学校へ通いたい思いもあるんです。お菓子を売りつつ、夜はちょっとずついろんなものを食べられるような料理店が出来たら……なんて夢も。でも、趣味程度の私がやっていけるだろうか、とも思ってしまいます。あまり味覚も鋭いほうじゃないし、技術も思いも中途半端で」

このとき、取材中ずっと笑顔だった汐梨さんが少し目を潤ませた。「ごめんなさい、すみません」とすぐ笑顔に戻られたけれど……。自分をそんなに否定しないでと言いかけたが、少し踏み込み過ぎかもしれないと思い、心に留めてしまった。汐梨さんはまだ22歳になったばかり。でも22歳の人は、今が人生のいちばん舳先《へさき》なのである。

取材日の翌週が、卒業式なのだと教えてくれた。先の私の気持ちが分かったかのように、「22歳はもっと自分を肯定しようって決めているんです」と言われる。

汐梨さんのスンドゥブは、お世辞抜きでおいしかった。辛みが食材の味を邪魔することなく共存して、おいしさの一角をしっかり担っている。バランスの整え方にセンスが感じられた。

具材が煮える間に、余った白菜は密封容器に入れて冷凍し、肉はラップしてすぐ冷蔵庫に戻し、流しをきれいにするといった「段取り力」も見事で。料理力と同時に「段取り力」を磨ける人は多くはない。その力は各方面の仕事で今後きっと活かされるはずだ。

汐梨さんと料理と人生がこの先、うまくより合わさりますように。そう祈りつつ、お宅を後にした。彼女は晴れやかな笑顔で送り出してくれた。

夏目楓太（なつめ・ふうた）さん
2001年生まれ、愛知県蒲郡市で育つ。大学進学により上京、2023年に卒業してスーパーマーケットチェーンを展開する企業に就職。東京都荒川区で暮らす。

きのこが欠かせない
味噌煮込み鍋は
ふるさとの味

5月の半ば、大学を卒業したばかりという夏目楓太さんのお宅を訪ねた。「休みの日はほぼ一緒なんです」という彼女さんとふたりで迎えてくれる。築浅な感じの1Kの部屋は造りがしっかりとして、暮らしやすそうだ。場所は東京都の荒川区、上野や日暮里も近いエリアである。

「この辺の雰囲気が好きなんです。休みの日は谷中の商店街まで散歩したり、昭和な感じの喫茶店や銭湯をめぐったりすることも多くて。僕たちがはじめてデートしたのは上野公園で、今でもよく行くんですよ」

おお、渋いなあ。私もそういうまち歩きが好きなのでうれしくなる。取材前、最寄りの駅からご自宅周辺までをあちこち歩いてみたら、おいしそうな雰囲気の飲食店も結構ありますね。

「そうなんです、近くに好きなお店があるんですよ。洋食店なんですけど、味噌カツ定食があるのがうれしくて。聞いてみたら、お店の方が愛知の方でした」

そう、夏目さんは愛知県育ちである。父親は転勤族で、生まれこそ石川県だがすぐ愛知に引っ越し、高校までを蒲郡《がまごおり》市で過ごした。

「だからふるさとといえば愛知県。大学で東京に出て、おでんが味噌味じゃないのにびっくりしました」と。あるあるである。

「鍋っていうと僕にとっては基本的に、たまに適当に作るもの。だけど地元の味が食べたくなるときにもよく作るんです。味噌煮込みうどん的な鍋、食べたことありますか？」

愛知県や岐阜県の一部で愛される味噌といえば、豆味噌である。岡崎で生産される八丁味噌は有名だ。黒みがかった深い色と渋めの味わいが特徴で、煮込んでいくと風味が広がり、甘めの味つけとも相性がいい。味噌というと「煮込むと風味が飛ぶ」が定説だけれど、豆味噌はしっかり煮込む料理にうってつけの味噌なのである。

夏目さんの味噌煮込み鍋は具だくさんだった。鶏もも肉、豆腐、油揚げ、白菜、しいたけ、舞茸、しらたき、かまぼこ、長ねぎが決して広いとは言えないキッチンにぎっちりと並ぶ（ごめんなさい）。

お、鶏もも肉の細かい脂身をていねいに包丁で取り除きはじめた。入れたっていいのだが、こうすることで食感もよくなり、すっきりした味わいにもなる。料理に慣れている人、という印象を受けた。

「小さい頃からよく料理はしていたんです。親が共働きで、帰りが遅い日は兄と交替で作ることもあって。大学からのひとり暮らしでも自炊は多かったですね」

先の「鶏肉の余分な脂身を取り除く」なんてことを含めて、母親が作るときのやり方を見て覚えた。カレーはにんにくをきかせる、野菜炒めなら醤油味が基本、それぞれの野菜

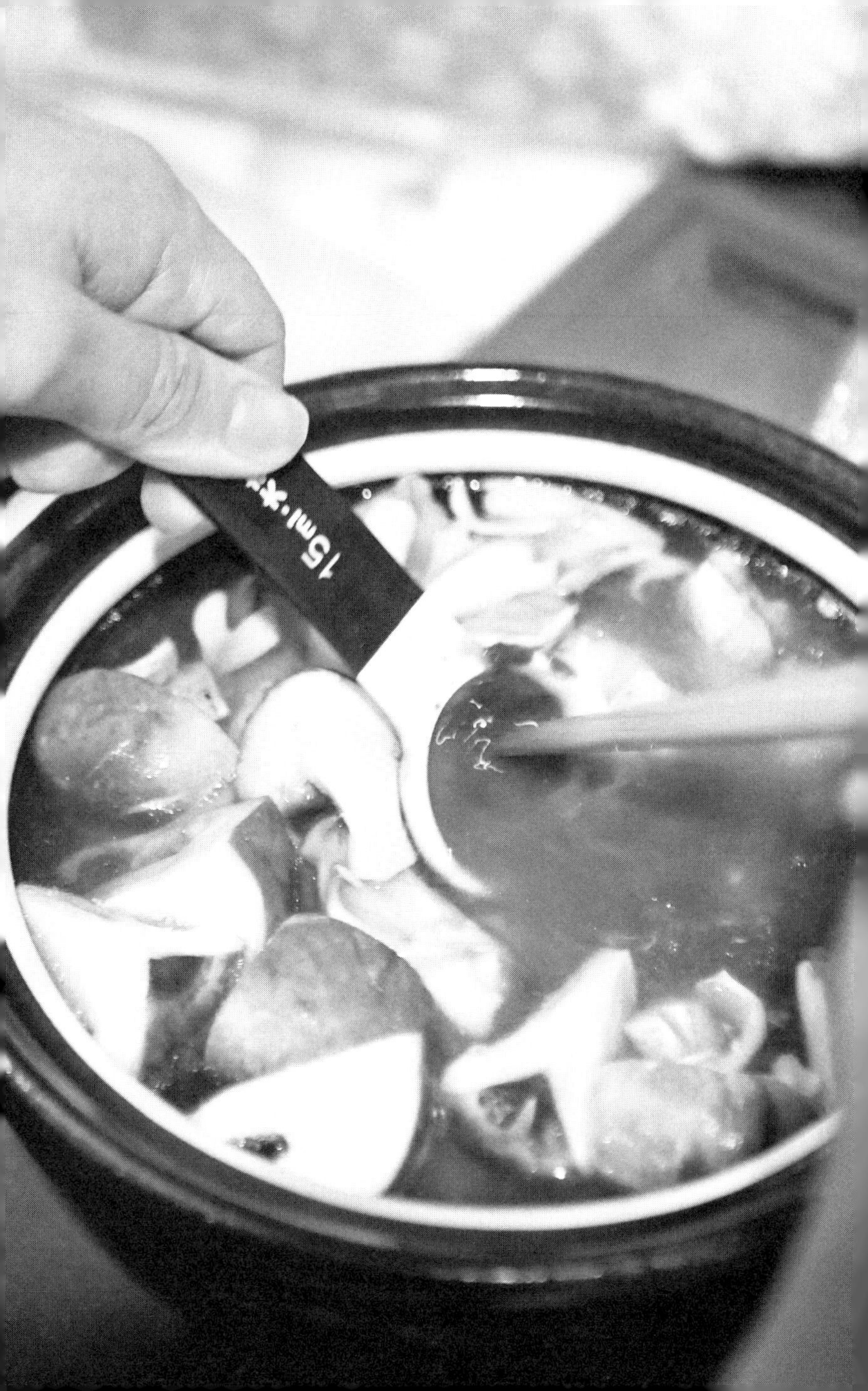
15ml

の切り方や調味料の分量など、夏目家流の味つけを結構しっかりと教わったようである。「洗いものを増やさないようにと考えながら作るんだよ、って。ボウルを2個使うと怒られたり(笑)」

細かいことの積み重ねが今、彼の生活力となっているのを感じた。「彼、仕事から帰ってきてもパッと何かしら作れるんですよ」と恋人の美法《みのり》さん。味つけにパンチがあってどれもおいしい、と評価は上々だ。

さて、味噌煮込み鍋の続き。鍋に水を張って醬油、みりん、酒、「ほんだし」で味つけする。刻んだ具材を入れてから豆味噌を溶き、ふたりで味見する。「うん、おいしい」と美法さんのOKが出た。ここから、じっくりと煮込んでいく。

夏目さんは新卒で就職したばかりである。スーパーマーケットを経営する企業に入社され、現在は研修中とのこと。

「朝の9時ぐらいに家を出て、遅くても20時ぐらいに帰宅してます。もうすぐ配属が決まるんですけど、家から近い店舗だったらうれしいなあ、って」

労働環境は今のところとてもよく、企業全体で新入社員を大切に扱い、育てようという気持ちが感じられるとうれしそうに教えてくれた。

現代は「売り手市場」なんて話も聞かれるが、夏目さんの就職活動はどうだったろうか。

「いや……僕はそうでもなかったです。書類で落ちることも多かったし、1次で落とされることも15社ぐらいありました」

ここまでずっと明朗快活そのもの、という雰囲気だった夏目さんの顔が曇った。私が就活なんてことをしたのはもう25年前だが、「不採用」の知らせを受け取ったときの気持ちの萎えと悲しい疼《うず》きはいまだ心の中にある。

つらいことを思い出させて、申し訳ありません。

「周囲には、売り手市場な同級生もいたんですよ。学生時代に何をやってきたか、何に取り組んだかとか、そういう『語れること』がある人はやっぱり強い。僕にはないんです。それに加えて発表すること、プレゼンがとにかく苦手。本当に苦手なんですよ」

高校まではサッカー少年で、大学に進んでからはバイトに励み、そして音楽とスケボー、古着を中心としたファッションにのめり込んだ。

「地元や家族が好きだから、卒業したら帰るつもりだったんです。でもレコードにしても古着やスケボーにしても、東京はショップの数や規模が違う。こっちの暮らしが楽しくなってしまって」

約7・9畳の部屋の片隅にはレコードプレーヤーが宝物のように置かれていた。特に心惹かれるのはソウルミュージックだという。

「レコードに関わる仕事がしたくて、どうしても入りたい会社がありました。最終面接まで残れたんですけど、落ちてしまって」

その後、大学時代ずっとバイトしていたスーパーマーケットの本社に就活して内定を得る。スーパーは私もほぼ毎日利用しているが、本当にいろんなお客さんがいるものだと感じる。言葉を濁さず書けば、非常識な人やクレーマーもいるだろう。どうでしたかと問えば即座に返ってきたのは「大人になれたと思います」という言葉だった。

「思いもよらぬことでクレームを言われること、ありました。でも、そういうときに許容する……って言ったらなんですけど、それが大事なのかなと。マウント取られることもあります。でもそこで自分がいかに下になるか。お客さんに対してだったら同調することが大事だと思っています」

同意するのは難しいこともあろうが、まずは同調する。相手の気持ちにシンクロして、頷《うなず》く。あなたに耳を傾けているとしっかり感じてもらう。サービス業に限らず、相互関係を築く上で大切なことである。彼の気づきは入社面接でもきっと説得力をもって響いたに違いない。

夏目さん流の味噌煮込み鍋を味見させてもらった。

「きのこが欠かせないんです、うちのは。きのこがないと話にならない」

しいたけと舞茸からうま味と香りがしっかりと出て、かまぼこと鶏からいい出汁が出ている。甘みのつけ方がほどよく上手で、食べ飽きないやさしい味だった。

「さすが、料理長！」と美法さんが目を細める。ふたりが熱々の鍋をふうふうしつついただく様はなんとも幸せそうだった。

食材を的確に刻み、鍋に盛って、じっくりと煮て熱々になったところで食卓に移し、ふたを開け、湯気と香りを美法さんに楽しませる。さっきは「プレゼンが苦手で……」と言われたけれど、話すばかりがプレゼンじゃない。夏目さんはじゅうぶんプレゼン上手だと感じ入った。

お腹がいっぱいになったら、好きな音楽をかける。レコードの温かみのある音に包まれている間は「つかの間、現実世界から消えられる気がするんです」と夏目さんは言う。消えてしまいたいというネガティブな意味ではなく、私には「それが僕の充電タイムなんです」という意に伝わってきた。

夏目楓太さんは食で自分を整えられ、また気持ちを癒やす自分なりの方法を見つけている人だった。

楓太という名前は楓《かえで》の木のように太く、大きく育ってほしいとの願いを込めて、親御さんがつけてくれたと教えてくれた。木は黙して語らないけれど、大地にしっかり根を張って風に揺るがず、多くの人を和ませる。楓太さんの人柄に重なって思えてならなかった。

上田和範（うえだ・かずのり）さん
1997年、東京都武蔵野市生まれ。学習院大学卒業後、2021年にマーケティング会社に就職。現在、都内中央区にひとり暮らし。

仕事を終えてから お手製の冷凍野菜で サッと作るひとり鍋

取材に向かう電車の中で、気象庁からの開花宣言を聞いた。東京は絵に描いたような好天で、うららか至極。私は昼どきの築地を歩いていた。風もなく暖かで、通りに植えられた柳の若葉がまさに萌えている。公園の桜の枝の下、ベンチではお弁当やパンを食べる人が混み過ぎず、少な過ぎずといった感じで点在していた。周辺に勤める会社員の方だろう。「まだこの辺は全然咲かないね」「もうじきかな」なんて声が聞こえる。

のどかだった。

社会人になって2年目、上田和範さんが人生初のひとり暮らしの場所として選んだのは築地だった。と聞くと、どうしても食品関係の仕事かと思ってしまう。

「いえ、全然違うんですよ。ウェブ関係のマーケティング会社に勤めています。いろいろな業種の方と関わることが出来る点に魅力を感じて、入社試験を受けました。まだまだ分からないことだらけですけれども」

はきはきとていねいな口調で答えられて、なんだか就活の面接官になったような気持ちになる。どうかどうか、気楽にしてください。

「はい、すいません。取材を受けるなんて、なんだか緊張しちゃって」と、笑いながらお茶を淹《い》れてくれた。急須があるのにちょっと感じ入る。最近は持っていない人も多い。上田さんは普段、自分のためにお茶を淹れる人なんだな。

部屋の間取りは1K、聞けば広さは24平方メートルとのこと。玄関のすぐ隣がキッチンで、奥がリビング兼寝室になっている。〝つっぱり棒〟を使って玄関の上に収納スペースを作られ、うまいこと物を収めていた。

会社の近さから築地を住みかに選んだが、別の理由もあった。

「築地市場が面白いなって。朝に散歩して買いものをするのが楽しみなんですよ。面白い食材がたくさんあるし。マグロのテールとか、丸鶏をぶつ切りにしたのとか」

平日は大体6時頃に起きて、朝の散歩がてら築地をめぐっている。見たことのない食材があるとつい足が止まり、料理してみたくなる。昼用の弁当を手づくりして出勤。定時は18時30分までだが、忙しいと社を出るのが22時を過ぎることも。

「残業代はつきますけど、その分を外食で使っちゃうのはもったいないなと思いまして。夜に帰ってきてから手軽に食べられるので、ひとり鍋をすることはわりと多いです」

よくやる鍋はいくつかあるという。それこそ築地で買った魚のあらを使う鍋もあるというから本格的だ。レパートリーの中で「冷凍野菜を使って手軽に作る鍋」というのが気になり、作り方を見せていただいた。

まず用意したのが、コーヒーメーカーのポット。何をするのかと思えば、鰹の削り節とお湯を入れて出汁をひかれた！　鍋つゆのベースにするのだそう。出汁だけを鍋に入れやすく、確かに使いやすそうだ。

そして冷凍野菜は市販ではなく、自ら刻んでジッパー付きの保存袋に入れて冷凍されたもの。食べやすい大きさに切られたにんじん、キャベツ、ほぐしたきのこがミックスになっている。見せていただいたとき、思わず「おおー……」と唸《うな》ってしまった。なんというか、「地に足のついた料理」なんて言葉が脳裏に浮かぶ。20代前半ですっかり生活に密着した技術が身についている感じに唸ったのだった。

それはさておき鍋のレシピである。先の出汁を鍋に入れ、鶏もも肉を入れて、自作の冷凍野菜もひとつかみ加え、しばし煮ていく。鍋は無印良品のステンレス卓上鍋だった。私も持っているが、1人前にちょうどいいサイズで、軽くて洗いやすいのもいい。

「帰宅してからここまでやって、煮ている間に着替えたりしてます。遅い時間に帰ると、やっぱり料理をイチから始める元気も湧かなくて。冷凍野菜は休日にまとめて作っておくんですよ。炒めものにも使えて、便利です」

鍋の味つけはときどきで変わる。きょうは「味噌とみりん、塩にします」とのこと。調味料の分量はまだ感覚では出来ないので、レシピ本を頼っていると教えてくれた。わざわざ明かさなくてもいいのに、誠実な人柄を思う。

だし1 3/4
みそ大2
みりん小2
塩 小1/3
だし大5
みりん大2
塩 小1/2
しょうゆ1/2
しょうが

実は和範さん、親が料理研究家の上田淳子氏。ＮＨＫ『きょうの料理』や雑誌でもおなじみ、有名な先生だ。やはり小さい頃から料理を習ってきたのだろうか。

「それが全然なんです。味見係というか、実験台になることはよくありましたけど。料理に興味を持ったのは大学に入ってから。友達とワイワイやるのが好きなんです。そういうときにみんなで料理を作って、一緒に食べる機会が出来てから、楽しいなと思って」

有名人の子どもというのは「(親と同じように)出来るだろ？」と周囲から言われがちなものだが、和範さんも例にもれず「お前のお母さん、料理研究家なんだろ。料理作ってよ」とよく言われた。そこで抵抗を覚えるケースもあるだろうが、「じゃあ、やってみようかな」と素直に思えたのだそう。母親が著した料理本を参考に、いろいろと作りだす。

「自分が食べたことあるものも多いから、再現しやすかったんです。分からないことはすぐアドバイスもらえますし」

そして和範さん、親と同居していた頃に〝荒療治〟も受ける。

「就職先が決まった春頃、ちょうどコロナ禍に入って、やることもなくずっとゴロゴロしていたんです。見かねた母が『1週間、あなたが家事を全部やりなさい！』って」

雷が落ちたのだった。就職後はひとり暮らしをするつもりだったので、予行演習も兼ねて軽い気持ちで引き受ける。

「すぐに行き詰まりました。麻婆豆腐とか酢豚とか、作れるメニューはいろいろあるんですけど、ありものを使いまわしていくのが大変で。何気ないごはん作りのルーティンって、難しいんだなと。買いものに行けば、鶏もも肉ひとつでも安いのから高いのまでいろいろある。うちでいつも食べてたのはどれなのか分からない。洗剤やトイレットペーパーも同様で」

安さだけで選んだ肉を見て、母親はひとこと「それでもいいけど、いつものうちの味にはならないよ」と言った。レシピは検索出来ても、こういうことは体験してみないと分からない。献立が浮かばないとき、「何が食べたい？」と父や弟に聞いて「なんでもいい」と返されると、つらいということも知った。自分では決められず、具体的に何と決めてほしいから聞いているわけである。

単に料理するだけでなく、毎日の炊事を繋げていく。共同生活の中で家事を担うという体験を20代半ばで出来たというのは、貴重なことと思う。直接的ではないにせよ、会社でも活かされる経験ではないだろうか。

鍋のご相伴にあずかれば、鶏の出汁がしっかりと出て、おつゆがいい味わいだった。冷凍した野菜の食感もよく、言われなければ生野菜と思う人も多そうだ。ごはんを入れて雑炊にしてもよさそう。

「今、やってみたいことはありますか」と尋ねたくなった。数秒あって、「会社の人たちと飲んでみたいです」と返ってくる。そうか、彼らの世代は入社してからずっと、ずっと、コロナ禍なのだ。

「連携が大事と言われつつも、基本ずっとリモートワークで。横のコミュニケーションがまったくないんです。人を招いてごはんをふるまうなんて、してみたいですね。自分が作ったごはんを誰かが食べてくれることで交流が生まれる……というのをもっと経験してみたい」

若い世代が他者の反応を肌で感じる機会が激減している現状を、あらためて思った。和範さんは今、日々の弁当をインスタグラムに上げている。自身の料理を誰かと直接シェアすることは難しいが、SNSを通じて返ってくる反応が、日々の自炊のモチベーションにもなっているようだ。

取材を終えてから、少し周辺を散歩してみた。パン屋さん、惣菜店、品物充実のミニスーパーにお酒屋さんと、なかなかの買いもの良環境である。料理好きの若い芽がすこやかに伸びていきますようにと祈りつつ、家路についた。

加藤哲也（かとう・てつや）さん
1937年、愛知県刈谷市生まれ。名古屋大学工学部卒業後、1960年にトヨタ自販に入社。海外サービス部に勤務し、オーストラリア、南アフリカ共和国、ギリシャの各国へ赴任。出向勤務を経て、65歳でリタイア。一男二女あり、現在は刈谷市でひとり暮らし。

どこかで食べた「魚すき」を真似て作る“ほぼ俺流”の鍋

「昔はなーんにもなかったんだ、このあたりは。全部畑や田んぼでね」

生まれ育った地で今も暮らす加藤哲也さんは、85歳になる。愛知県は刈谷《かりや》市のご出身、現在は自動車工業都市のイメージが強い地域だ。

「うちはもともと農家、田んぼが七反《たん》あったんだったかな」

「反」という言い方に感じ入って、時代を思う。哲也さんは元号でいうと昭和12年の生まれ。終戦を迎えられたのは8歳のときか。会ったばかりで憚《はばか》られたが、思い切って尋ねてみた。

このあたりに太平洋戦争の空襲はあったのですか、と。

「うちのほうはなかった。でも名古屋のほうが空襲に遭って、その燃えかすが風でこっちまで飛んできたのを覚えている。空が赤くてね。食べものにひどく困ることはなかったと思うけど、それなりに大変な戦中だったよ。田んぼがあるといっても、当時は供出（※農作物を国家に差し出すこと）もあったからね」

春菊の若葉を摘み取りつつ、教えてくださった。家の前に畑があって、2月の冷たい風を受けながらも野菜が元気に育っている。大根やほうれん草、水菜ににんにく、ちんげん菜と種類豊富だ。

「土地をお隣さんに貸して、育ててもらってるんだよ。野菜作りの上手な人でねえ。貸す代わりに、私ひとりが食べる分はもらっているわけ」

哲也さんは64歳のとき、妻を病気で亡くした。急死だった。3人いる子どもは皆巣立っており、家事一切を自分でまかなうことになる。それまで家事経験はゼロ。

現在では想像がつかないかもしれないが、夫は外で仕事、妻は家事という完全分業が昭和の時代においては多数派だったのだ。

しかし60歳を越してからの家事の手習い、どうだったのだろう。

「今からやれったって、出来ないだろうね。60代でよかったと思うよ。今なら……立ち直ることも出来たかどうか」


畑から採ってきたばかりの野菜を洗い、それぞれを刻んでいく。調理の間合いはゆったりではあるが、無駄のない、日々炊事をしている人の動きだった。哲也さんの自炊生活はちょうど20年目になる。

牛乳パックを開いて洗ったものを時折まな板にのせ、食材を刻む。肉を切るときなど、いちいちまな板を洗わずに済む〝便利テク〟だ。

「サイドディッシュっていうのかな、サラダでも作ろうか」

にんじんときゅうりをスライサーにかけ、冷蔵庫からカット野菜を取り出した。

「これ、便利だよね。常備してる。スライサーは娘が送ってくれたんだ」とニコリ。カット野菜にスライスした生野菜を足し、ハムも加えて、あっという間に色合いもきれいなサラダが完成した。うーん……お見事、現代的な半調理アイテムも取り入れられているとは。娘さんは出版関係の仕事をされており、食や生活情報の本を編集されているということで、アドバイスをいろいろともらっているようだ。

きょうの鍋は「魚すき」なるものだそう。まず、出汁昆布を水と共に鍋に入れ、しばし煮る。あとは簡単、刺身の盛り合わせを用意して、それぞれを出汁にくぐらせるだけ。いわば魚のしゃぶしゃぶだ。薬味は大根おろし、味つけはお好みで醤油かぽん酢でいただく。ちなみに大根も自分でおろされていた。一緒に食べようと誘ってくださる。ありがたく、いただきます。

「どっかで食べたのを真似ているんだよ、よく覚えてないけどね。ほぼもう俺流だ。あ、そんなに煮ちゃダメダメ！」

す、すみません。

ご相伴にあずかってみれば、サッと湯引いたブリやマグロの赤身がぽん酢によく合う。生で食べるよりさっぱりとして、量がいただけるのもいい。哲也さんが「いいもんだろう？」と笑みを見せ、缶ビールをプシュッと開けた。ごくりといい飲みっぷり。だんだんとほろ酔いになってくる哲也さんに、これまでのことをうかがう。

トヨタ自販（後のトヨタ自動車）に入社したのが1960年のこと。昭和でいうと35年。まさに日本の高度経済成長期である。工学部卒の哲也さんは、海外サービス部に配属となった。ずっと愛知の地元育ち、「外の世界を見たいという気持ちが強かったね」と、希望が叶った形に。

1964年に結婚して、初の海外勤務はオーストラリア。3年間の駐在だった。

「いわば御用聞き、トヨタの車を買ってくれたところへ赴いて、調子はどうですか、困っていることはないですかと尋ねて回るわけ。だから出張の連続、忙しくて無茶苦茶だったよ。家にいられる時間がほとんどなくてね。帰ってくると娘が泣くんだ。『また知らないおじちゃんが入ってきた！』って」

鯛の刺身を湯にくぐらせつつ、当時を思い出す。湯気が煙る。

「次に赴任したのは南アフリカ共和国。マラウイ、アンゴラ、ケニア、ブルンジ……と、よく周ったね。同僚はマラリアに罹《かか》ったのもいたな。あ、魚がなくなったか。じゃあ野菜を煮よう」

白菜や水菜、ねぎをたっぷりと入れる。野菜もしっかりと食べる哲也さん、海外時代に健康意識が高まったのかもしれない。

その後、ギリシャ勤務を経て帰国する。定年まで勤め上げてから出向勤務になり、1年後には完全リタイアという年に、妻である照子さんが急逝された。59歳だった。

「朝でね。俺はまだ寝てたんだけど、起きたんだな……と思ったら倒れて。脳梗塞で。これからは時間も出来ることだし、ヨーロッパ旅行に一緒に行こうと計画もしてたところだったんだ。一時は荒れたよ、酒も飲んだ。シンクにいっぱい洗いもの溜め続けていた頃もあったけど、これじゃいかんと思ってね」

一念発起して、哲也さんは食事から整えていった。まず覚えたのはごはんの炊き方。だんだんとおかずのレパートリーを増やしていく。当時参考にした料理本が今も現役で、居間のすぐ手の届くところに置かれている。日に焼けて、表紙の色はすっかり飛んでいた。20年の歳月がありありと感じられてくる。

料理本を開かせてもらえば、新聞の料理欄の切り抜きが挟まれてあった。「ストックおかず」の特集だった。

「食わないかんもん、ひとりもんになったら」

鍋の最後、哲也さんは冷凍庫から餃子を取り出して加えた。

「お隣さんの手づくりで、いつもおすそ分けしてくれるんだよ」

これがおいしくてビックリ、玄人はだしである。「うまいだろ？」とうれしそうに笑って、ビールをもうひと缶開けられた。

食卓のすぐ隣の棚には、写真がいっぱい飾られている。5人の孫たちの笑顔がまぶしい。そして照子さんの写真があった。

「急に逝っちゃったろ、どうしても分からなかったのが実印の場所。探しても探しても出て来なくてなあ。やーっと出てきたのは、お勝手のナプキンやらを入れてるところ。あれはおかしかったなあ……」

今、哲也さんは照子さんと会話しているんだな。そう思った。

お湯の沸く音がする。

「次は芋焼酎をお湯割りにするけど、よかったら飲むか？」

もう少しここに居たくなって、あつかましいとは思いつつご厚意に甘えた。

基本の和食
とりあえずこの料理さえ作れればよい
YOKO&jjの
産直クッキング100選
中高年のためのしあわせごはん
保存版
藤田嗣治

コラム1

記憶の中の鍋
親の鍋

冷蔵庫の中にいつもあるもの、と聞いて何を思い浮かべるだろうか。私の親は、保存容器に干ししいたけと昆布を入れて水を張ったものを常に入れていた。味噌汁や煮ものにも使うが、多くは鍋のベースとなる。これさえあればいつでもすぐ鍋が出来るという、母の安心のたねのひとつだったのかもしれない。

夏をのぞいて鍋の出番は多かった。うちの定番といえば豚しゃぶで、先の出汁にしょうがスライスを数枚加え、酒をたっぷり入れてひと沸かしで鍋つゆは完成する。煮る間は干ししいたけが強く香って、小さい頃はそれが苦手だった。しかしいざ口にしてみると、さほど気にならないのが不思議だったな。野菜は水菜や白菜のほか、レタスやキャベツを入れることもあった。

「なんだっていいのよ、そのときあるもので」

母・フジエさんの口癖である。私も今、鍋といえば豚しゃぶを楽しむことが多い。鍋つゆのベースも大体一緒で、具材は「そのときあるもので」折々適当に。親から味だけでなく、イズムも受け継いだと思う。

「うちの鍋」として次に思い出すのは湯豆腐である。父の好物で、冬場の登場回数はとても多かった。私が小さい頃だから、父もまだ30代。舌の好みが渋かったなと今になって思う。

「つまんないひとなのよ、いか刺しといかリングと湯豆腐があればそれでいいんだから」とフジエさんはよくこぼしていた。若い時分に料理学校にも通い、西洋料理も大好きだった母は結婚してまもなく、ごく限られた日本の家庭料理にしか箸をつけない父に落胆したようである。ふたりとも戦後すぐ、いわゆる団塊の生まれ。

うちの湯豆腐は多めの昆布を出汁にして、豆腐をしっかりと煮る。ちょっと変わっているのは、醬油とたっぷりのおかかに刻みねぎを入れた蕎麦猪口も鍋中に入れるところ。煮えた豆腐をこの温かいつゆでいただくのだ。父が関西に赴任中、京都かどこかの料理屋さんで覚えたらしい。うちは本当によく湯豆腐をやっていたが、母は湯豆腐がきらいだった。

「湯豆腐っていうより、あったかい豆腐があんまりね……」

私が小学校の頃、修学旅行の朝に豆腐の味噌汁が出て「へええ、味噌汁に豆腐入れるなんてめずらしいねえ」と思わず漏らして周囲を驚かせたことを思い出す。帰って母に告げると「そう、世間ではよくやるの、豆腐の味噌汁。でもお母さんはきらいだから作らないけど」

あっさりそう言う母がおかしくて笑ってしまった。「何がおかしいのよ」と母も笑う。世の中の「ふつう」と我が家の「ふつう」は結構違うのかもしれないと感じた最初の出来事だった。ちなみに私はあったかい豆腐が大好きで、冷奴よりも温奴のほうがいい。豆腐を出汁で煮るかチンして、あとは冷奴の要領で好みの薬味としょうが醬油でいただく。この点は似なかった。

思い出の中の鍋をたどると、名前のない鍋よりも名前のある定番鍋が思い出されてくる。すき焼きだ。うちは割り下が母親の手づくりで、牛肉のほかは白菜、ねぎ、しいたけにお麩が入る。母親は北陸出身なので大きな車麩が定番だった。使っていた専用の鍋を思い出すと、なんだか今もほのかにうれしい。平たくて底の浅い鉄鍋で、持ち手がふたつ付いたもの。持つとずしりと重く、その重さがいかにも特別という感じがした。

私は昭和でいうと50年の生まれ（1975年）で、当時はまだまだ「すき焼き＝お祝いごと、ハレの日」という図式が一般的だった。だが何のお祝いですき焼きをやっていたのかどうにも思い出せない。父のボーナス支給日だったか、あるいはちょっと頑張りたいお客様が見えたか。

母がすき焼き鍋を卓に出して、台所で具材を切ったりなんだりしているとき、私はすき焼き鍋をよく手に取ってみていた。よいしょ、と持ち上げて感じられる重さで、きょうが特別な日なんだということを実感する。だんだん気持ちが高揚してくる。無邪気だった。

いつだったか「あのすき焼き鍋、まだあるの？」と聞いてみたら「とっくにない、ない。お父さんとふたりじゃもうしないしねえ、いつ捨てたんだったかな。すき焼きやるとしたら小さいフライパンでやってるわよ」とさらり言われた。

そんなフジエさんに思い出の鍋を尋ねたことがある。母は新潟の下越地方の山間部にある小さな集落の生まれ。田畑を持ち、私は長いこと母の係累が育てる米や野菜を食べて育った。昔は牛や鶏も育てていたと聞く。

「そう、その鶏を何かのときにシメて食べるのね。小さい頃に父がそうしてるのを見たときはショックだった。で、鶏鍋にするの。日頃お世話になってる人へのふるまいでね。味つけは醤油だったと思う」

俗にきんかんと呼ばれる、卵になる前の黄身がいっぱい入っていたそうな。鶏の出汁が実においしかったらしい。私が生まれた頃、すでに祖父は亡く鶏も飼われていなかったから、この鍋は味わえずじまいである。

私や私たちを救う鍋
自炊とのきっぱりとしたつきあい方

ii

粂 真美子（くめ・まみこ）さん
1970年、埼玉県川越市生まれ。旧姓、小澤。専門学校を卒業後、アパレル会社に勤務。25歳で結婚退職したのち、アルバイト的に始めたライター・編集業が軌道に乗り、食を中心に執筆。2019年の統一地方選に出馬、川越市議会議員となる。夫、両親、犬1匹と暮らす。

手づくりの鶏団子入りが
お決まりの寄せ鍋
シメは“ひもかわ”

まな板の大きさに圧倒された。

きのこのパックふたつに油揚げを置いても、まだまだ余裕でスペースがある。余ったところで長ねぎ1本をすいすい切れる。小学1年生の学校机って、このぐらいの大きさじゃなかっただろうか。

「うちは両親に私と夫の4人家族、そして隣に住む弟夫婦とその子どもたちもよくごはんを食べに来るんです。8人分作るときもありますからね」と、粂真美子さんが教えてくれる。冷蔵庫も大きく、戸棚にある食器類もたくさん。8人分の買い出しは大変だろうな……と想像してしまった。

粂さん、作業がとにかく早くて無駄がない。のんびりやっていては終わらないんだろう。だが表情には余裕があった。年季が入っている人の料理だった。

「うちの鍋はとにかく、ごった煮。シンプルなおいしさも分かりますけど、なんでもいっしょくたに食べられるのが私にとってはいいところなんです。仕事が終わって急いで買いものして、あれこれ作っていられないですからね。人数が増えたときも対応しやすいし。鍋はいつも我が家を救済してくれてます」

救済という言葉の選び方がリアルだった。大きなボウルを出されたと思えば、たっぷりのしょうがとひき肉をこねはじめる。

「うちは鍋といえば鶏団子をよく入れるんですよ。塩、醤油にごま油で味つけ。母がずっと作ってきたものです。今は……私のほうが上手かな」

そういってニヤリ。お正月にもこの鶏団子は必ず出てくるお決まりで、醤油味のあんかけにしていただくそう。

鶏団子は先に煮て、スープのベースにする。鶏ひき肉を煮ると本当にいい出汁になる。これだけの量なら、うま味もかなりの濃さになるだろう。鍋の仕込みが一段落したところで、これまでの人生をうかがった。

ただいま52歳、生まれも育ちも埼玉県の川越市だ。かつての城下町の名残、蔵造りのまち並みが観光スポットとして人気である。真美子さんが育ったのは市内の中心部で、にぎやかな商店街だった。

「みんなが顔見知りでした。うちは農機具を扱うお店で、隣がお蕎麦屋さんで。にぎやかなんですけど、ちょっと行けば土手もあってヨモギを摘んだり、川で小魚を釣って親が天ぷらにしてくれたり。自分たちでイナゴをつかまえて佃煮なんかも作っていたんですよ」

私は真美子さんより5歳ほど年下で、実は中学・高校時代を川越で過ごしている。今から約35年前、まちの中心部にまだ酒蔵があって、冬場は酒米を蒸す湯気がもうもうと蔵から上がっていたことを思い出す。神社の秋祭りが大規模で、にぎやかで。昔ながらのものと自然と繁華街が近い、そんなまちだったことを思い出しながら聞いていた。

「地元のお祭り、子どもの頃はおみこしも担ぎましたよ！　住みやすいところですよね。いい意味で田舎の部分もあり、都会の部分もあって。だからあまり東京に出たい、ひとり暮らししたいという気持ちが起こりませんでした」

高校を出て専門学校に進む。20歳のとき、アルバイト先のスキーショップで同い年の剛《つよ》史《し》さんと知り合った。スキーショップというのに時代を思う。スキーは当時一大ブームで、スキーウェアや用具がよく売れていたのだ。冬になるとスキーショップのコマーシャルがテレビでバンバン流され、人気の芸能人が起用されて。休みには最新のウェアで苗場や斑尾《まだらお》、志賀高原などでスキーを楽しむのがトレンディで、おしゃれだった。ちなみに真美子さん、松任谷由実の大ファン。

剛史さんとのつきあいは続いて、ふたりは5年後に結婚する。

「やさしかったですね。彼の実家は板橋区の酒屋さんなんですよ。商店で生まれ育ったもの同士、分かり合う何かもあって。あと、私を否定しない。『そこ直したほうがいいよ』とか、そういうこと言わない人」

結婚後も働きたいという意志があった。知人の紹介で、雑誌編集のアルバイトを始める。

時は1995年、雑誌文化がまだまだ元気な時代だ。

「やってるうちに自分でも書いてみたくなったんです。27歳でライター業を始めて、編集部に売り込みに行きました。当時書いていたのは『東京ウォーカー』などの情報誌や『Gainer』など男性ファッション誌が多かったです」

ライターを続けるうち、食に関する記事発信が専門になっていった。レストラン紹介を受け持つ機会も増えていく。

「あの頃はとにかく新店紹介を多く求められたんですよ。だから新店の情報をつかみたい。飲食店をよく手掛ける建築家や内装業者に直接当たってましたね。工事中の現場で『何が出来るんですか？』なんて訊いたりもして」

だんだんと優れた料理人を紹介することに喜びを感じてくる。

「彼らを取材していて自分も強く刺激を受けて。『この人を取材したい！』と思えるようなシェフを自分で探していくようにもなりました」

ライターや編集業は天職とまで感じた。創刊から関わった『東京カレンダー』誌では副編集長をつとめるにまで至ったが、現在はなんと川越市の市議会議員をされている。どんな人生の転機があったのだろう。

「東日本大震災の後、復興に関する取材が増えていったんです。被災された地元を活気づけるため、様々な企画を考えては実行に移すキーマンが各地にいるんですね。彼らと出会ううち、私が育った川越にもこういう人材がもっといてくれたら……と」

ならば自分がやってみようか、という思いになっていく。社会貢献をしたいという気持ちも増した。地域活性を考えるなら、政治家になるのが近道ではないか……と。

話の途中ではあるが、夕飯の時間になった。一旦台所に移動だ。

鍋をキッチンで沸かしてから食卓へ運ぶ。「持っていくよ」と、夫の剛史さんがサッと現れた。真美子さんの仕事が忙しいときはみんなの食事もよく作られている。

「彼は私と違って几帳面なんです。料理上手で、焼きそばやなすのピリ辛炒めなんか特においしいんですよ」

うーん、食べてみたかったな。真美子さんのご両親に、隣に住む弟さんの息子、12歳の丈虎《たけとら》君も食卓に集まってきた。

お父さんは全員の箸を出し、お母さんは取り鉢を並べ、丈虎君は全員の飲みものの用意と、連携がとてもスムーズで自然で、舌を巻く。座ってるだけの人はいなかった。いいご家庭だなあ……。

大きなざるに具材がずらっと並んで、卓がにぎやかだ。たっぷりの白菜に油揚げ、たこに鱈に鶏団子、しいたけに舞茸、海老しゅうまい。別皿にはピーラーでむいた大根とにんじんも。

「お父さん、ぽん酢取って」

「虎、ごまだれ取って」

調味料のパスが続く。そしてお母さんが鍋中で何かを探している。

「ねえ、鱈はどこ？」

「この辺にあったはず」

「行方不明になっちゃった」と、さびしそう。好物なのだそうな。ちなみにお父さんはたこ好き、剛史さんはぽん酢が苦手。好みもいろいろのメンバーがひとつ鍋を囲む。鍋の包容力を思う。

みんなが箸を進める中、真美子さんの楽しみは晩酌だ。キュッとひと口飲まれたときの表情が絶妙に良くて、思わずシャッターを切った。川越駅からこちらまで伺う途中に、品ぞろえの素晴らしい酒屋さんがあったことを思い出す。きっとあそこで買われているに違いない。

さて、議員になられた経緯の続きを教えてもらおう。

「2015年頃、次の選挙を目指そうと思いました。まず行政との関わりを持とうと、市

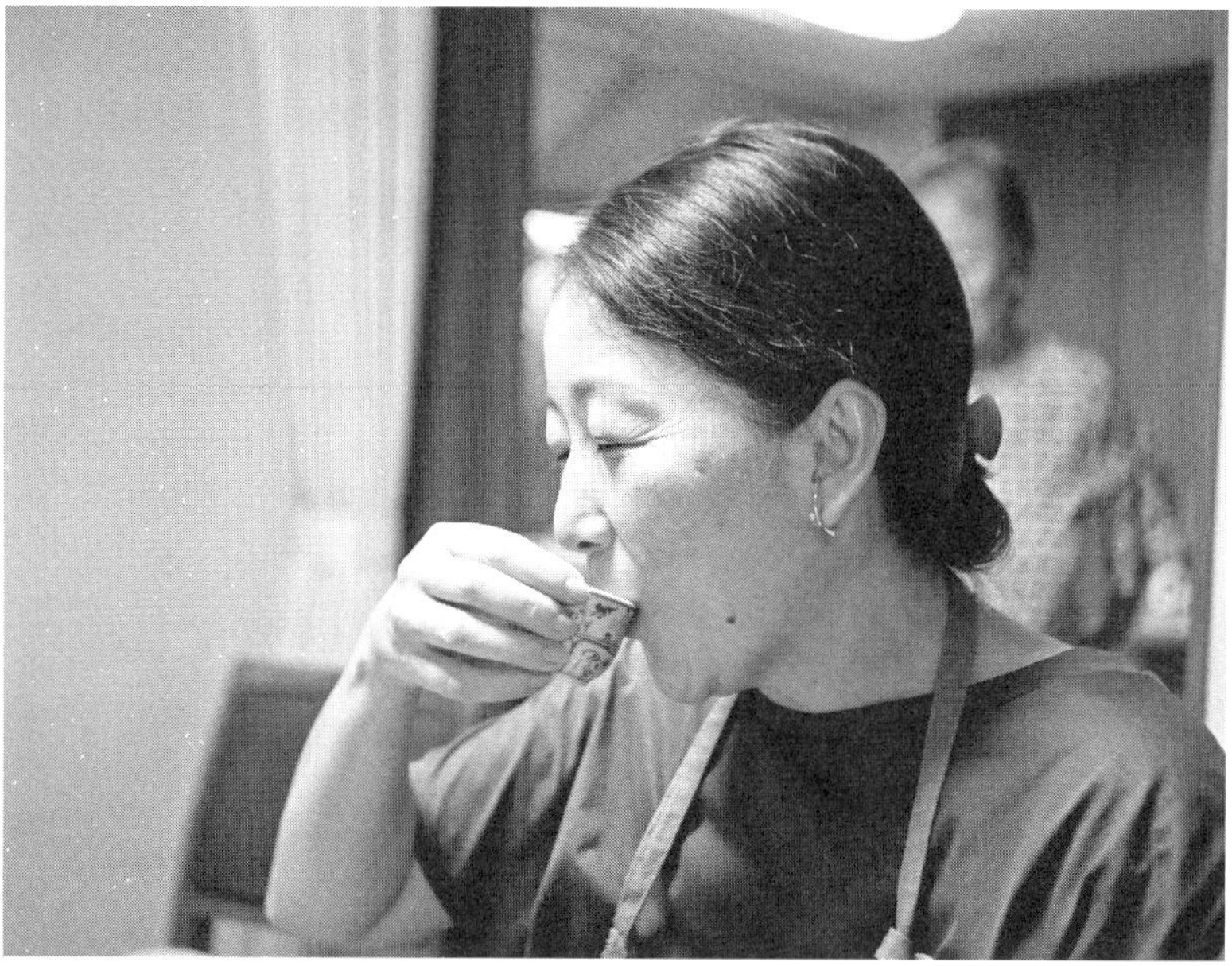

の農政モニターになって、農業振興審議会の審議員公募を受けて。選挙資金はライター活動で貯めていきつつ。自分でやろうと思ったことですから、夫にも負担してもらうという考えはありませんでした」

審議員には無事受かり、地元の自治会にも必ず顔を出すようにして、少しずつ地盤を作っていった。2019年の統一地方選挙で見事に当選、1960票を得る。

気がつけば鍋の具がもうなくなりかけていた。さすがに5人だと早いなぁ。

「シメは〝ひもかわ〟がうちのお決まりなんです」と真美子さん。きしめんよりさらに幅広の小麦麺で、埼玉県は比企《ひき》郡のお店のもの。そしてきょうの豚肉は川越産『小江戸黒豚』、味が濃くてうま味が強い。

「地元の食振興に貢献したいという思いがやっぱりあります。地元の優れた農産物や食物をどんどん発信していきたい。そして現在では共働き世帯がほとんどなのに、専業主婦が多かった時代の制度のままで無理が生じていること、多いんですよ。子育て世代がどうしたらより暮らしやすくなるか、というのも考えたいですね。そして性犯罪を減らすというテーマも取り組んでいることのひとつ。残念ながら発生件数が少なくないのです。子どもたち含め、みんなが安全に暮らせる社会をつくりたい」

語気が強まった。ダイニングテーブルの近くには資料がたくさん並んでいる。議会の質問準備に追われる日々だ。議員になってみて、「市民の方々は我慢強過ぎる」とも感じている。不便なこと、つらいことや不安があったらもっともっと議員に相談してほしい、と。

「どんどん使ってください、議員を。私たちは単なる地域の代表者。政治に対する不満を伝えるのはワガママでもなんでもないです」

ひもかわをつるっとすすって、真美子さんはきっぱりと言った。

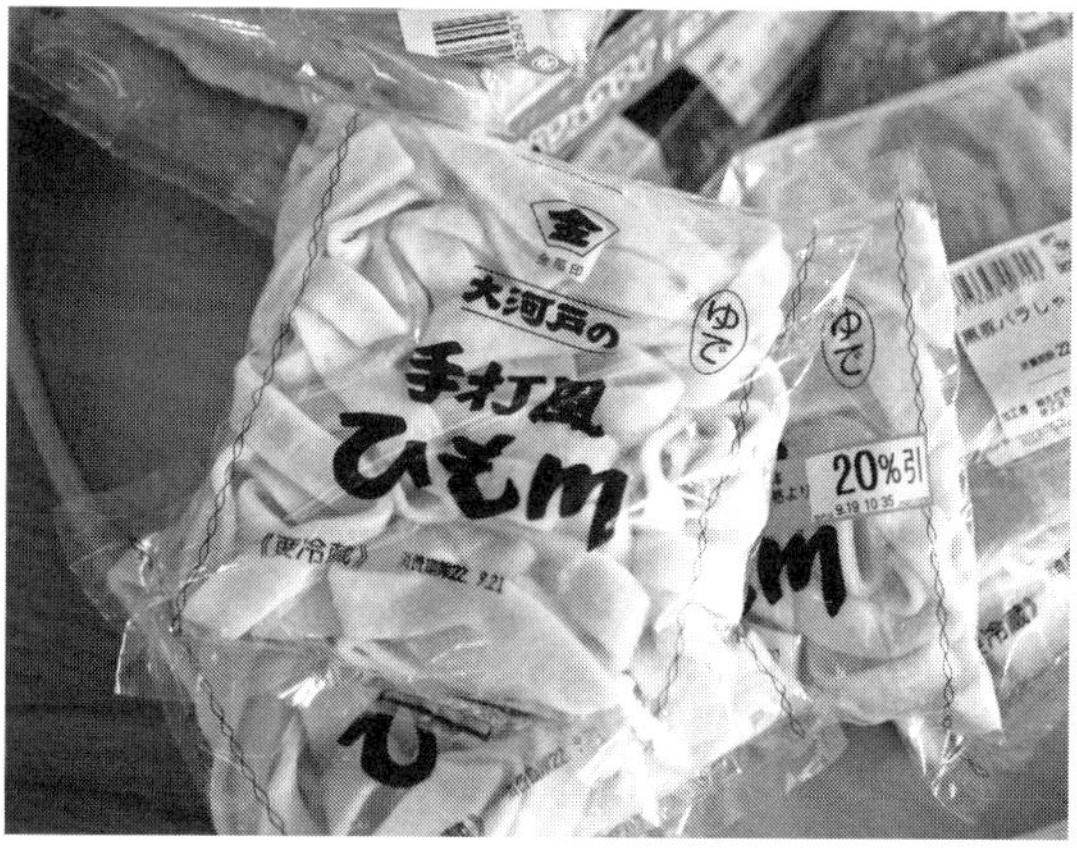

ニコ・ニコルソンさん　漫画家。神奈川県に生まれ、宮城県にて育つ。専門学校を卒業後に上京し、2008年デビュー。代表作に『ナガサレールイエタテール完全版』（太田出版）、『マンガ認知症』（ちくま新書　大阪大学大学院教授・佐藤眞一との共著）などがある。東京都在住、ひとり暮らし。

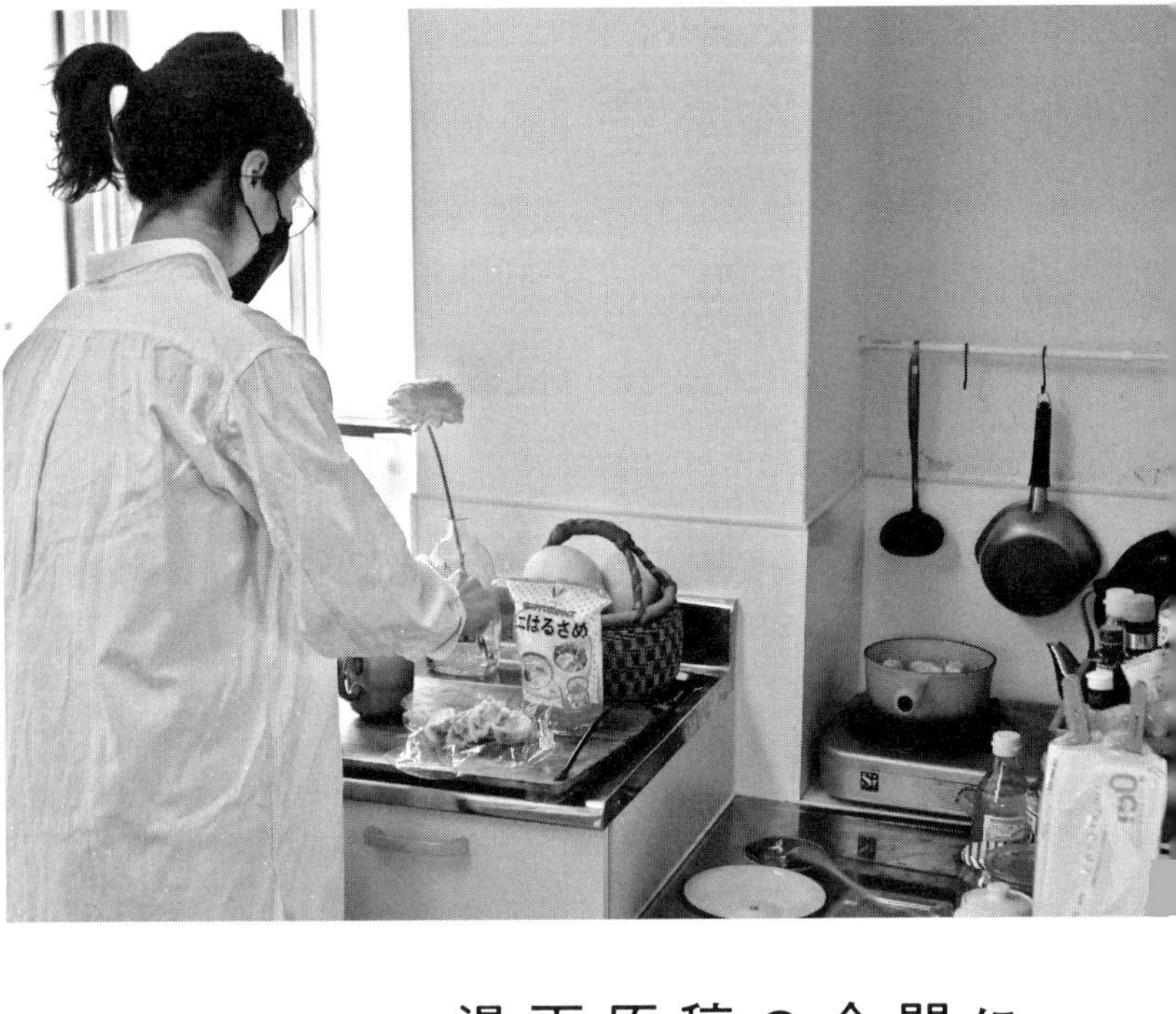

漫画原稿の合間に
チルドの餃子と
ミックス野菜で作る鍋

東京の南のほう、最寄り駅から10分ぐらい歩いただろうか。ところどころに銭湯や◯◯荘なんて名前の昔ながらのアパートが残っていて、昭和育ちとしては妙に心が落ち着く。教えてもらった住所を目指して歩いていたら、角に小さな公園があった。お年寄りの方が背を伸ばして、何かを見上げている。梅の花だった。その梅の木のすぐそばに、ニコさんの暮らす集合住宅があった。

「ここに越してきたのは7年前ぐらいですかね。『漫画を描くための場所！』みたいな思いで借りたんです」

光がたっぷりと入る角部屋で、窓が大きく取られて、すみずみまで明るい。白いカーテンがほどよく光を柔らかくして、確かに絵も描きやすそうだ。

部屋の中心に大きな作業机がドンとあって、存在感を放っている。住居兼仕事部屋というより、仕事部屋が住まいといった感じ。他にあるものといえばベッドとアロマディフューザー、まとめ買いされているらしきミネラルウォーターの段ボール、そして流しの脇に花が一輪。ラナンキュラスだった。

自分に必要なものを絞りぬいて、シンプルに暮らされているなあ……という印象を受ける。

「だからイスもひとつしかなくて。すみません、あの……これに座ってください」

差し出されたのは、バランスボール。青色だった。ちなみにニコさん、ニコ・ニコルソンというお名前だが日本の方で、東北地方の宮城県がふるさととなる。

「特に理由はなく、なんとなく付けたペンネームなんです。深い意味はないんですよ」と苦笑しつつ教えてくれた。

作画が一段落したとのことで、食事の用意にかかる。

冷蔵庫からまず取り出したのはカット野菜、そしてチルドの餃子。乾物ストックから小分けになった春雨も。

「疲れてるときや寒い日、野菜をとりたいときに、よく鍋をやりますね」

ル・クルーゼの片手鍋にカット野菜を200g程度も詰めただろうか。そこに餃子、ひたひたになる程度の水を加えて火にかける。チルドの餃子は『ホソヤ』のものだった。千葉県の食品メーカーで、関東のスーパーではわりにおなじみの商品だ。ここのしゅうまいも手頃でおいしく、私もよくお世話になっている。餃子やしゅうまいは鍋や汁の具にすると、全体のうま味も増してくれるのがありがたい。

「ふたをして火にかけて、しばらく放っておけるのが鍋のいいところ。普段なら作画に戻ってますよ。煮えるまでにまたちょっと描けますからね」

貴重なお仕事時間に、すみません。このときニコさんは新刊の準備もあって、特に忙しい時期のようだった。

「だからこそ健康第一で。自分の身は自分で守らないと」

忙しくても食事は抜かない。体を動かすことにも意識的で、ジムにも通っている。先のバランスボールは体幹を鍛え、背筋を伸ばすために購入した。

「あ、きのこも入れるんだった！　よく忘れちゃうんですよねえ、安いときに買って冷凍しているんです」

冷凍庫からジッパー付きの保存袋を取り出し、舞茸とぶなしめじを鍋中へ。石づきを取り除いて、ほぐして冷凍されていた。

煮えてきたところで春雨も入れて、鶏がらスープの素、酒、少々の塩で味つけする。ひと煮立ちさせて完成だ。

「薄めに味つけしておいて、飽きてきたらナンプラーを加えて味変《あじへん》するんです」

ナンプラーはうま味と香りの強いタイの魚醬。少量で味の雰囲気がガラッと変わる。細かい工夫をされるんだなと、ちょっと感じ入った。小さなことかもしれないけれど、ひとつ部屋の中でずっと作画を続ける生活において、ナンプラーの1滴2滴も生活のいいアクセントになっているのかもしれない。

原稿を書いていた机が食事スペースに変わった。目の前にたくさん積まれている雑誌は現在連載中の作品の資料だ。舞台は1995年、高校を舞台にした漫画で、主人公はアニメや漫画に夢中の女子高生である。

「かつての自分です」

チラシの裏には必ずお絵描きをする子どもだった。いや、お絵描きなんてレベルではない。幼い頃からすでにコマ割りでの作画を始め、小学校低学年で先生の行動をネタにして作品を作り、周囲を笑わせる。

「反応を見て『あ、こーいうのがウケるんだ』と考えてましたね。自分の漫画で笑いが取れることに手ごたえを感じて」

プロになる人というのは、「○○になろう」と決めて始めるのではなく、考える前にやり始めている人が多い。ニコさんもそのひとりなのだった。初恋の相手は『幽★遊★白書』や『SLAM DUNK』のキャラクターたち。漫画を読んでは刺激を受け、自分の作品を創り続けた青春時代。

だが誰しも、学生のままではいられない。

「プロになるなんて無理！と思い込んでました。専門学校を卒業して就職しかけるんですけど、やっぱり絵に関わる仕事がしたくて、上京したんです」

wacom

得た仕事は出版社のアルバイト、ここから道が開けていく。イラストを描けることが知られ、誌面のカットを頼まれるように。ブログを始めたところ、面白さが評判になってテレビで紹介される。「何か一冊作りましょう」と編集者から声をかけられて、商業デビューに至ったのが2008年のことだった。

取材したことをノートに整理していたら、ニコさんがお鍋を取り分けてくださった。たっぷりのもやしとキャベツがよく煮えて、鶏がらスープがやさしい味わいになっている。きのこの香りが食欲を誘い、餃子からコクも出て、食べごたえのあるお鍋に仕上がっていた。こしょうやラー油を加えてもよさそう。春雨と餃子で、結構お腹もたまる。寒い日はしょうがを加えることもあるそうだ。

ニコさん、これまで料理とはどんなつきあい方をされてきたのだろう。

「19歳で家を出るまで、料理ってまったくしなかったんです。母と婆《ばば》との3人暮らしで、食事はずっと婆の手づくりで。今になって意味が分かりますね。婆が里芋の皮をむくとき、面倒くさいと言ってた意味とか……。婆の料理が好きでした。ジャガイモをバターと牛乳で煮たのとか、おはぎとか」

声は小さかったけれど、「好きでした」の響きが強かった。実感のこもった、厚みのある言い方で。きっと婆さんのお得意メニューが心に数えきれないほど浮かんでいるんだろうなと思いながら、黙って聞いていた。

念のために書いておくと、祖母のことを身内間で婆（ばば）と呼ぶのは、東北や北陸地方ではめずらしいことではない。おばば、ばばさま、なんて呼び方もある。東北にルーツのある私は、その言い方に懐かしさを覚える。私の祖母はどちらも私が幼いうちに死んでしまったので、深い話なぞすることは出来なかった。彼女たちの得意料理とは一体どんなものだったろう。知りたかった。


料理は独学で、レシピ本やネットを参考にして覚えてきたというニコさん。仕事に注力したいから、なるたけ手間のかからない料理をメインに日々をまかなっている。ただ、ときには手をかけた料理を作りたくなることも。

「仕事が忙しいときは特にですね。レシピのとおりやれば料理って必ずおいしくなるからうれしいんです。漫画ってそうはいかないから」

料理をすることで、気持ちをほぐしたり、自分がほぐれたり。手づくりはときにそんな良さももたらしてくれる。

ニコさんは、たまに婆さんの得意料理を作ってみることもあるようだ。

「鶏肉とねぎのおじやとか、大根の葉のふりかけとか。婆は目分量でやってるからレシピもなくて、絶対同じ味にはならないんですけどねえ……」

語尾にちょっと悔しいような思いと、懐かしさのない交ぜになったものがにじむ。婆さんは現在、認知症で施設に入られている──。

後日、ニコさんが描いた「婆の味噌汁」の絵を目にする機会があった。細切りの大根がいっぱいに入った味噌汁の絵は、とてもおいしそうで、きらめいていて。食べたこともないのに、婆さんの味がなんだか感覚で伝わってくる。絵の力を思った。料理として同じものは作れなくとも、ニコさんはもうじゅうぶん婆さんの味を表現出来ている。

望月啓子（もちづき・けいこ）さん
1968年、茨城県日立市生まれ。旧姓、渡部。大学卒業後、経営コンサルティング会社に就職。39歳のときに独立、現在は温浴施設専門のコンサルタントとして活動している。神奈川県に夫、娘と3人で暮らす。

お酒だけで煮ていく
具材は4つだけの
「うちでいちばん適当なお鍋」

東京駅から東海道線に乗って8駅目、辻堂《つじどう》駅にはじめて降り立った。藤沢市に属するエリアで、西に駅ひとつ進めば茅ヶ崎である。表に出た途端、ふと潮風を感じて驚く。グーグルマップで見たら海は遠くないが、潮が香るほどの近さでもない。気のせいだったかな。駅のすぐ隣に巨大なショッピングモールがあってまた驚いた。早めに着いたのでざっと中を周ってみたが、生活必需品はもとより、ファッションや雑貨などもかなりの充実度である。2000年代に入って駅周辺の開発が進んだと聞く。

「ちょうど30年になるんですよ、辻堂に住んで。確かに駅前でもたまに潮風、感じますよね。私もそういうことありますよ。さほど近くはないんですけどね、海は」

きょうの取材相手、望月啓子さんが教えてくれた。駅から歩いて10分ぐらいの集合住宅に住まわれている。居間に通してもらえば、立派な電子ピアノがあった。お子さんが習っているのだろうか。

「娘がやってたんですけど、もう弾かないんですよ。誰かもらってくれませんかねえ。白央さん、ピアノ弾かれますか。え、習ってた？　じゃあ、要りません？」

気さくな語り口が温かくて、変な表現だが話していて居心地の良さを覚える。出会い頭に辻堂のこと、ピアノのことなど、雑談が盛り上がってしまった。

「いつもやってらっしゃるような普段のお鍋を、見せてください」

考えてみればなんとも不躾《ぶしつけ》なお願いだが、これまた気さくに引き受けてくださった望月さん。台所で用意を始めてくれている。直径30センチはある大きな土鍋に日本酒が注がれ、どぶどぶっと威勢のいい音が響いた。次に出汁昆布を加える。

「きょうのお鍋はうちで最も適当なお鍋。いちばん時間のないときにやる鍋ですよ」

屈託なく笑われた。お水は入れず、お酒だけで作るのか。

「具材は白菜と長ねぎ、えのき、豚の薄切り肉の4つだけ。あと加えるとしたら……豆腐ぐらい？　煮えたらもう出来上がりですよ。キッチンで煮てから出すことが多いですね。卓上コンロで煮ながらやることもありますけど」

きょうは豚もものしゃぶしゃぶ用肉を選んだが、本来は豚ばら肉派。もも肉は脂が少ない分、ローカロリーなのである。健康を考えてのことだろうか。

「そうなんですけど……やっぱり、ばら肉のほうがおいしいですよね」

そうそう、そうなんですよねえ。悩ましいところ。煮えてお酒のアルコールが飛び、いい香りがあたりに広がった。

望月さんは長らくコンサルタントとして働いてきた。

まる

社会人になったのは、男女雇用機会均等法が施行された5年後の1991年である。当時を述懐してもらって最初に出てきた言葉は――がむしゃらに働きましたね――であった。

「残業という概念すらない時代でした。ずっと会社にいて仕事するのが当たり前の感じで。ただ私は、楽しかったんです。すごい先輩がいっぱいいて、刺激を受ける毎日で。でも忙しさから、体を悪くしてしまうんですけどね」

望月さんが社会人になる2年前にヒットしていたコマーシャルを思い出す。栄養ドリンクの広告で、キャッチコピーは「24時間戦えますか」だった。人間が24時間戦うなんて出来るわけがない。しかしがむしゃらに、ひたすらに、属する企業のために働くことが当時は美徳とされ、社員たちは〝企業戦士〟とも呼ばれた。ワークライフバランスなんてことを当時言い出したら、周囲からどんな目で見られただろう。

社内恋愛で1997年に結婚する。夫さんはもともと大学が一緒で、顔見知りだった。

「勤めていた経営コンサルティング会社で再会したんです。ものすごい偶然ですよね」

7年後に女の子を授かる。仕事は相変わらず多忙を極め、子育ての大変さも加わって体調を崩し、2008年に独立の道を選ぶ。

「会社は理解もあって、産休も取れたんですけどね。今思うと仕事が好きだった分、背負い込み過ぎていたんです。あ、思い出した。やめると決心したら、ずーっと止まらなかった咳がピタッと止まったんですよ。本当に咳がひどくて、病院に行っても治らなかったのに。驚きました」

ああ……似たようなことが私にもあった。28歳のとき、どうにも会社で受け容れがたいことがあり、数か月悩んでその任務から離れる決意をした。ひょっとしたら契約を切られるかもしれないと思い、白い目で見られるのも怖くて、ずっと言い出せなかったけれど、自分を守ることを優先しようと体の髄から思えたその日に、数日ぶりに笑えて、お腹が急に空きはじめたんだった。数日間、ほぼ食事もとらずにいたことをその時点ではじめて気がついて。

そんなことが、あったなあ。

鍋の向こうで、望月さんがハフハフと煮えたねぎを食べている。味つけは出汁醤油、昆布ぽん酢、ゆずこしょうのトリオが望月家では鍋に欠かせない3点セットだ。4種の具材も3つの調味料で味の雰囲気があれこれ変わる。お鍋はこういう味変の楽しさもいろいろとある。

「ねぎと白菜は私、くたくたになるまで煮たいんです」

ああ、分かる。お鍋の定番具材であるこのふたつ、「食感を残して煮たい派」と「じっくり柔らかくなるまで煮たい派」に分かれがちなのだ。しかしお使いの土鍋、身が厚くて蓄熱もよさそうで、野菜をじっくり煮るにはうってつけという感じ。いつ頃から使われているのだろう。

「えっ。いつだろう……自分で買ったんだか、実家で使っていたのを持ってきたんだか。うーん、多分1997年ぐらいから使っている気がしますね。私、食器とか本当にこだわりがないんですよ。もうなさ過ぎってぐらいに」

料理もあまり得意じゃなくて、と続けられる。ただ、そのことに負い目や引け目などは特に感じていない。

「母が栄養士で、病院の食事を作っていた人で、料理は得意なんです。『こんな水準でやるのは無理！』と思いましたね。何品も家で作らなくていいよね、という思いは昔からありました。きょうはあれを作ろうとか私、全然ひらめかないんですよ。でも、それでいいかなって」

あっけらかんとしている。

「おいしいよりも、ラクがいい。だから鍋はいいですよね、野菜もたんぱく質もとれるし。冬は週3回ぐらいやるかな。味つけしなくても、各自の好みで調節出来るのもいい」

お酒だけで煮た鍋の汁はコクがあって、うま味が強かった。心なしか、水から煮てお酒少々加えるよりも、体があったまる気がする。もちろん、アルコールはすっかり抜けているのだけれど。

「うち、お鍋をしたら大量に作って次の日も食べ続けたりしますよ。翌朝はお餅入れて煮ることも。別に分けて醤油で味つけして、スープジャーに入れて娘のお弁当にもしますし！」

てらいなく、家ごはんのリアルな姿を教えてくれる。自炊、そして家の食事作りをラクにするものは「うちはうち」「うちはこう」という揺るぎない意識を持つことだと私は常々思っているが、望月さんはまさにその体現者だ。

「うちは夫もこだわらないんです。だからラクで。夫がごはんにこだわる人で、きれい好きな人だったら結婚は無理でしたね(笑)。夫は姉がふたりいるんですよ。姉がいる人って、女性にあまり幻想を抱かないと思います」

望月さんの持論である。取材日は仕事で夫さんがおらず、お話を聞けなかったのが残念！

「夫は料理上手。普段の料理担当は夫なんです。私よりひらめき力があって、仕事が忙しくてもうまく切り替えて料理にかかれる。私はそうは出来ません」

望月さん夫婦は、ふたりでコンサルティング会社を経営されている。銭湯などの温浴施設に関するコンサルティングが専門、というのは全国でもめずらしい。たとえば銭湯のリノベーションに関するアドバイス業務が近年増えているとのことだった。

「銭湯って今、高齢者のコミュニティエリアになっていることが多いんです。一方で経営者は若い人も増えていて、彼らの意見やアイディアも新鮮で。コロナ禍になって、『どこも開いてないから』と今まで来なかった層が銭湯やスーパー銭湯に来て、その楽しさを知ったという人も増えているんですよ」

仕事の話になって、望月さんは目を輝かせた。いろんな年代がひとつに集う場所の開発に携われることに、やりがいを強く感じている。

「旅行が自由になったら、海外の浴場を訪ねていろいろと勉強してきたいんです」

目下の夢である。

コラム2

愛用の鍋とぽん酢のこと

鍋はいくつか持っている。ひとり暮らしをはじめた大学の頃に、スーパーの食器売り場で買ったごくありがちな土鍋がひとつ。私は友人をうちに呼ぶのが昔から好きだったから、3〜4人前が入るファミリータイプを買った。私の20代から30代にかけて、長いこと頑張ってくれた鍋である。古い友人なら皆一度はこの鍋をつついているだろう。他に作家さんの鍋がふたつあり、友人がとあるお祝いにくれた伊賀焼の黒い土鍋と、ひと目惚れして買った野村亜矢さん作の楕円形の土鍋。後者はいわゆるオーバル型を活かして魚1匹を入れ、炊き込みごはんを作ることもある。

これらの鍋を気分や場合に応じて使っていたが、無印良品のステンレス卓上鍋と出合ってからというもの、日常はもっぱらこればかりを頼るようになった。ホームページを見れば「内径24センチ×高さ6センチ」とあるが、この大きさが実に使い勝手がよいのである。

実質的には深さ4センチぐらいだろうか。ふたり暮らしにちょうどいい食材量が入り、鍋つゆの量もほどよく済む。一般的な土鍋だとふたり用では小さ過ぎて野菜が一度にたっぷり煮られないし、3〜4人用だと大き過ぎて、かなりの量の鍋つゆを用意しないといけない。先のステンレス鍋は、ほどよい鍋つゆの量でそれなりの具材量を一度に煮られる便利設計がうれしかった。

何より軽いのがありがたい。棚から出す、戻すがラクなんである。土鍋にはふたが付きものだが、私が普段やるような豚しゃぶやキムチ鍋はふたが必要でないこともステンレス鍋から教わった。さらには、もし落としたとしても割れたり欠けたりの心配もない。またキムチ鍋やスパイスを使った煮込みなど、香りの強いものでもにおい残りがなく、色残りの心配もないのが気楽だ。

なんて書くと土鍋が使いにくいかのようだが、もちろんそんなことはない。すべては「逆もまたしかり」でどっしりした重厚感は情緒もあるし、お客様のときにもいい。蓄熱性も高いのでじっくり煮たい食材のときは土鍋の出番だ。骨付きの肉を水分多めでしっかり煮込む、根菜類をぐつぐつ煮込む……なんてときは土鍋が頼もしい。ハレとケ、両方に適した鍋を持っているというのはちょっとした贅沢だと思う。

ちなみにスーパーで購入した一番古株の土鍋君はさすがにもう処分しようかと思いつつ……なんとなくまだ、捨てられずにいる。家が広いわけでもないから場所はないのだけれど、どうにもしのびないのだ。

さてここからは、鍋を彩る脇役たちの話。と、きて真っ先に思い出されるのは私の場合ぽん酢醤油（以下、ぽん酢と書く）である。基本的に鍋といえば、あっさり出汁で具材をゆがいて、ぽん酢でいただきたい派。ぽん酢も有名なもの、各地のもの、あれこれと試してきた。確かにおいしいけれど、あまり高いのでは日常的に使えないし、わざわざ取り寄せるのも手間である。値段が手頃で、自分の行動圏内で買いやすいものというしばりで現在のところ最も気に入っているのが『おろぽん』（テス株式会社）だ。私は大根おろし入りのぽん酢醤油に目がなく、『おろぽん』は「大根おろしたっぷり50％以上」とパッケージにあるとおり、しっかり大根が感じられるのがいい。酸味（柑橘果汁はレモン、みかんを使用）鮮やか、甘さとうま味がくどくないのも好ましく。1本300ミリリットルという容量を少なく感じる人もいるだろうが、鍋を2〜3回やるぐらいで使い切り、都度鮮度のよい味わいを楽しむのもいいものだ。お店にもよるが、1本300円しないぐらい。白がゆにちょっと垂らして食べるのもおいしい。

次に『塩ぽんず』（倉敷味工房）も冬場によく買っている1本。醬油は使わず、ゆずとすだち果汁、瀬戸内の海塩が味のベースとなっている。きりっとした酸味と柑橘の香り、うま味がほどよく調和して、さっぱりと食べられるのが魅力だ。私はこの『塩ぽんず』に鍋の出汁をちょっと入れてゆずこしょう少々を溶き、煮えたキャベツと豚しゃぶ肉をつけて食べるとき、心から幸せな気持ちになる。ああ……食べたくなってきた。西洋ハーブとの相性もいいので、ディルやタイムなんかと一緒にマリネ液に使うのもおすすめ。揚げたいかや小魚なんかを香味野菜と漬けると、洒落たつまみになりますよ。

ぽん酢は自作するのも楽しい。本格的にやると手間も材料費もかかるが、めんつゆとカットレモンだけで、まあまあそれなりのものが出来上がる。三倍濃縮のめんつゆとレモンのしぼり汁を1：1でよく混ぜるだけ。酸味が苦手ならめんつゆ3に対してレモン果汁2ぐらいでどうぞ。甘めが好きな人はグレープフルーツのしぼり汁でもおいしくできる。作り立ての香りのフレッシュ感は格別なもの、レモンが使い切れないときなど、ぜひ試してみてほしい。

家族のためにこしらえる鍋

そこに大切な人がいるから

iii

大高美和（おおたか・みわ）さん
1982年、岐阜県土岐市生まれ。女子栄養大学卒業後、管理栄養士として病院に就職する。2010年に結婚、妊娠。臨月で胎児の発育不全が判明し、出産後に障害児であることが分かった。2018年にNPO法人『ゆめのめ』を設立、重症心身障害児のデイサービスを行う施設を運営する。東京都日野市在住、夫、2子と暮らす。

“3点セット”で娘のために煮えた具をすり潰すいつものトマト鍋

台所に入れてもらえば、今夜の鍋の具材がずらりと並んでいた。

「この大根、近所の農家さんの収穫体験でいただいたんです。他に、にんじん、きのこ、鶏肉。ブロッコリー……じゃなくて、名前なんでしたっけね。私、管理栄養士だけど料理は苦手で、食材の名前もすぐ忘れちゃって。管理栄養士だからって料理が得意なわけじゃない、そういう人もいるって書いてくださいね（笑）！」

取材を始めてからというもの、大高美和さんの話には「（笑）」が絶えない。9歳になる息子の湊介《そうすけ》君が「ねえ、チーズ！　チーズも入れてよう」とねだってくる。

「はいはい、その前にコンソメ入れて、お鍋かきまわしてよ」

キッチンに立つふたり。湊介君、なかなか手つきが慣れている。

きょうの鍋はトマトの鍋。好みの肉野菜を入れて、コンソメキューブでベースのおつゆにし、カットトマト缶を入れてしばし煮込めば出来上がりだ。

「何回も作ってるんですけど、レシピ覚えられなくて。コンロの前に本を置いてやってるんですよ。水は何カップだっけ……こんなレベルで、ホントすみません（笑）」

お会いしたばかりなのに、どうもそんな気がしない。壁やバリアといったものをまるで感じさせない、話しやすい方だなあ……というのが第一印象。

「きょうはキャベツもあるから入れちゃいましょうか」と、鍋の具材はそのときどきで自由のようだ。

使われていた鍋は象印の「グリルなべ」で、鍋にもなれば、ホットプレートとしても使えるもの。

「直火にかけられるのが便利。随分長いこと使っています。もう10年ぐらいかな？」

お鍋の具材が煮えてきたら、3点セットの登場となる。キッチンばさみ、煮えた具を細かく刻むチョッパー、さらに細かくすり潰すためのミルサーだ。

大きな具をキッチンばさみでざっくり刻んで、チョッパーに入れてさらに細かくしていく。必要であれば、ミルサーでさらにすり潰す。

この日はさらにブレンダーにもかけて、鍋の具をポタージュ状にされた。葉物野菜が多いと繊維質が多いため、なめらかになりにくいのだ。

大高さんの長女、12歳になる芽彩《めい》さんには障害がある。ひとりで歩くことは出来ない。食事を飲み込むことは出来るが、噛むのは難しい。だから細かく刻んだり、すり潰したりの手間が必要となる。

「小さい頃、母乳から離乳食に進むときはもーっと大変だったんです。何をどうしていいか分からない。どうしたらこの子が食べやすいのか、食べてくれるのか分からなくて、手探りで」

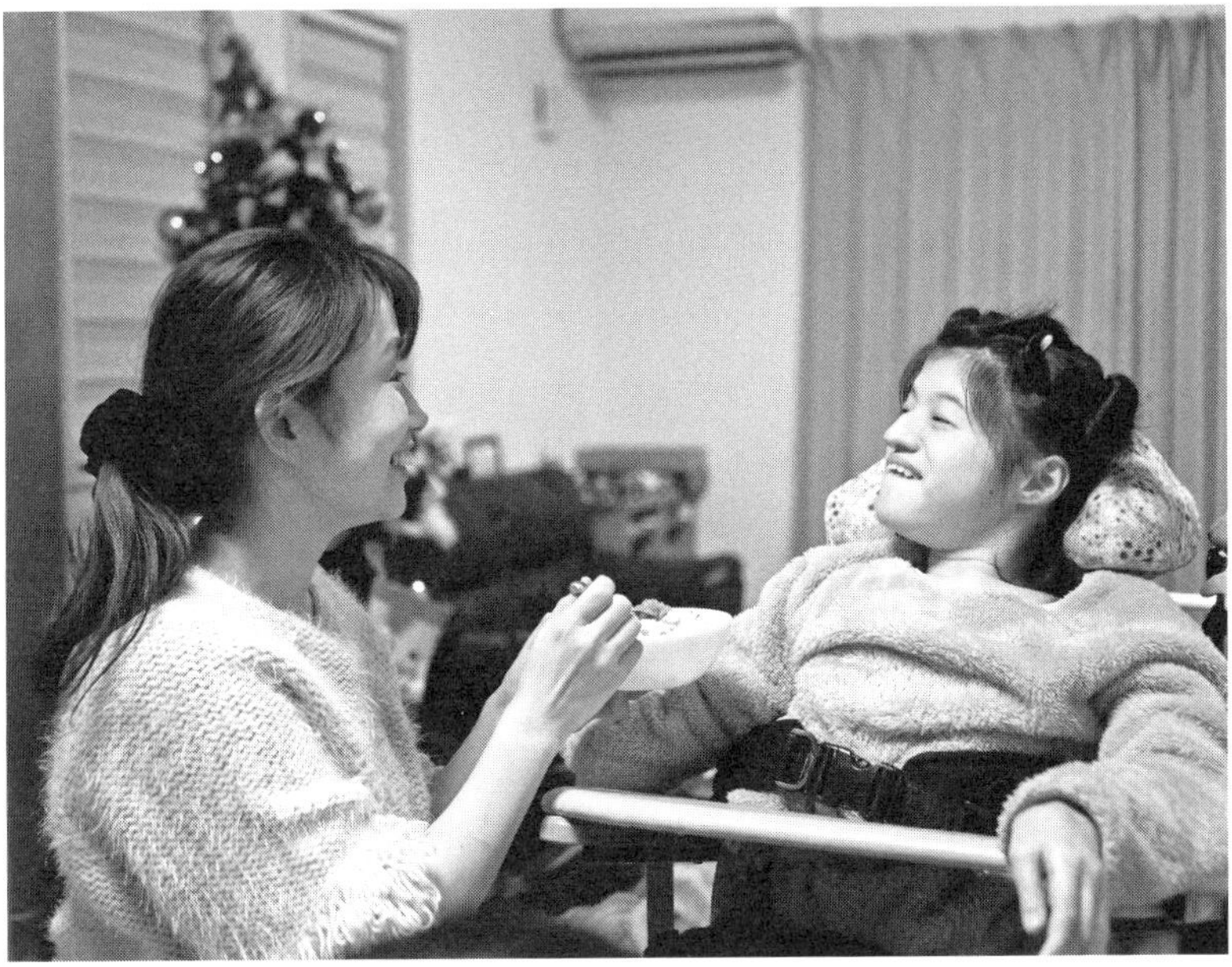

大高さんはあっけらかんと言われて、笑った。彼女のセーターを芽彩さんが引っ張る。

「あ、もっと食べるー、めいちゃん？」と声がけして、もうひとさじ。飲み込んでから芽彩さんは、にっこりと笑った。


大高さんは1982年、岐阜県に生まれた。ご実家は洋食レストランを営まれている。ボリュームたっぷりのオムライスが名物だそう。

「『量で勝負！』って感じのお店で、ご家族で来る人や、学生さんが多いんです。私は作ることは好きじゃなかったけど、食べることは大好きな子どもで。食べたいものを言ったらすぐ出てくる、そんな環境でした」

高校時代、「食に関すること」を仕事にしたいと思った。食を通じて人を笑顔に、健康に出来たらいいな、と。女子栄養大学を受験して合格、上京する。在学中は東京ディズニーランドでのアルバイトにも熱中した。

「研修中、『笑顔がいいですね』って褒められたんです。今まで言われたことなかったし、あまり人に興味を持つこともなく生きてきたんですよ。だけど、私でも役に立つのかな、って」

そう思えたことが自信に繋がり、最終的にはスタッフを指導するリーダー的立場も任される。大学卒業後は管理栄養士の資格を得て、病院の栄養課に就職した。

「いくつかの病院で働き、最終的にはターミナルケア（終末期医療）での食事調整を受け持っていました。嚥下《えんげ》障害の患者さんがどうやったら食べやすくなるか工夫しつつ、少しでもおいしく、満足してもらえるよう考えて」

毎食が最期のひと口になるかもしれない、という状況の中で働いた。患者さんたちは、食べられたとき実にうれしそうな表情を見せる。やりがいのある日々だった。

28歳のとき、合コンで出会った消防士の夫と結婚する。同年妊娠が分かり、臨月に里帰りをして地元の病院で受診したら、担当医から「すぐ県立病院に行ってください」と言われてしまう。

「羊水もないし、体がすごく小さい。今までの診断で小さいと言われませんでしたか、って。頭が真っ白になりました。県立病院では『おそらく脳に障害があるでしょう』と言われて」

自然分娩は無理と診断され、数日後に帝王切開で出産する。芽彩さんは1836グラムでこの世に生まれた。

「障害があるだろうと言われたその夜だけ、泣きました。けれど、はじめて芽彩と顔を合わせたとき、『あ、かわいい……』って思ったんです。この子は障害をもって生まれてきた。治ってほしいとか思ってしまったら、存在を否定してしまうことになる。つらいことも当然ありましたけど、泣いちゃいられないですよね。この子を守っていかないと」

大高さんは思いを一度に、淀むことなく話してくれた。どれだけの自問自答が今までにあったことだろう。


時間が経つにつれ、他の子に出来ることが我が子は出来ないと明らかになっていく。

「つたい歩きをしますか」

「簡単な言葉が分かりますか」

母子手帳のチェック表が、苦しかった。

「泣いちゃいられないという思いに至れるまで、私は10年かかりました」


ふつふつと音を立て、鍋が湯気を上げる。トマトやパプリカの赤と、大根の葉やスティックセニョール（先ほど大高さんが「ブロッコリーじゃなくて、なんでしたっけね」と言われていた野菜）の緑がうつくしい。湊介君が鶏肉はどこかと箸で探している。

「お鍋は一度にいろいろ煮られるのがいいですね。私が芽彩の分を作っているときでも、湊介がひとりで食べられるし。パパはきょう夜勤ですけど、そうじゃない日は買いものや料理もよくしてくれて。私がやろうとすると『台所が汚れるからやるな』って言うぐらい（笑）。でも、パパの作るお鍋は野菜が少なくてねえ……」

野菜の少なさを気にされるところは、やっぱり管理栄養士。そして夫さんは消防士だ。オーバーではなく、命に関わるお仕事でもある。やっぱりご心配はありますか、と訊けば「いいえ」と即答された。

「全ッ然、心配じゃないです。私たちをおいて死んじゃうようなこと、あるわけないですから。絶対に」

きっぱりと強く、言われた。

大高さんは現在、『ゆめのめ』というNPO法人の代表をつとめており、重症心身障害児のためのデイケアルーム『フローラ』を運営されている。開設したのは2019年のことだった。障害のある子が子どもらしく過ごせる場所、そして親御さんが預けられる場所があまりにも少ない。「ならば自分たちで作るしかない」という思いで、有志と共に立ち上げた。

「障害のある子を持つ親が働けて、なおかつ自分の時間も持てないと始まらない。そうじゃないと、心がもちません」

同じ思いをしている親御さんが、安心して預けられる場所を作りたい。そして障害児の家族が横の繋がりを持てることも必要だという思いが、大高さんを突き動かしている。

「『フローラ』は0〜18歳までの子が対象なんです。特別支援学校を卒業した後の居場所も必要と感じて、超小規模ですが『日野坂《ひのざか》キャンパス』というデイサービスの施設も2022年に立ち上げました」

ここで話は最初に登場した、大根に戻る。

「近くの農家さんに収穫体験させてもらったのは、施設の子たちなんです。小学校などでよくあるでしょう？　同じように体験させてあげたいな、と思ってお願いしてみたら『全然いいよ、おいでよー』って、即ＯＫで」

大高さんは「助けてくれる人も、いっぱいいいます」と言葉を続けた。障害があるからと遠慮するのではなく、こちらからお願いしてみると受け容れて、助けてくれる人もいるのだと。展望はさらに広がっている。

「私たち親が亡くなった後も、娘がおいしいもの食べながら、みんな一緒にワイワイ暮らせる場所を作っておきたいんです。そういうケアハウスを作るまで私、死ねないなあ……」

大高さんはそう述べて、またカラッと笑った。

瓜生和成（うりゅう・かずなり）さん　1970年、千葉県四街道市生まれ。俳優。28歳のとき劇団「東京タンバリン」に入団、20年間在籍する。現在は劇団「小松台東」に所属。東京都内に妻、娘と暮らす。

山盛りほうれん草に
桜の花まじる
豚しゃぶ鍋

駅から続く遊歩道には、花を楽しむ人が多かった。「きょうがもう最後の見頃だね」「そうだねえ」なんて会話が聞こえる。誰もがゆっくりと歩みを進め、桜並木を眺めつつつのそぞろ歩き。

春らんまん、菜の花やレンギョウも咲いている。このあたりを歩くのは初めてだった。西武新宿線の沿線で、都心までは20分ちょいの住宅地。東京都多摩エリアの北部にあたる。

私も花を愛でつつ歩いていた。桜の花びらがちょうどひらひら舞うぐらいの穏やかな風が吹き続ける。春独特のゆったりのたりとした時間の流れ方が心地よく、眠気を誘われるな……なんて思っていたら、突然「白央さんですか」と声をかけられた。きょう取材させていただく、瓜生和成さんが迎えに来てくれたのだった。

「ここから家に続く道がちょっと分かりにくいので」

ご厚意に感謝した。家の中に上げていただけば、ダイニングキッチンにほうれん草が山と積まれている。義理のご両親が近くで畑をやられていて、季節の野菜をいつもたっぷりともらえるのだそう。

「作物が病気になったときのために、ちょっと多めに植えるのが常なんです。だから全部が健康に育つと、本当にたくさん採れるので」

本当に、という言葉に強い実感がこもっていた。

「野菜を消費するのにもいいから、鍋はよくやるんです。今の時期はほうれん草と豚のしゃぶしゃぶが定番で。ちょっと前までの寒い時期には、白菜とねぎを鍋にたっぷり入れてました」

現在52歳、妻さんと小学生の娘さんとの3人暮らし。料理は昔から好きだった。家事の中では炊事が専任、基本的に毎日のごはんを準備している。

「献立は子どもの給食の献立表を見て、冷蔵庫の中身と相談しながら考えてます。苦にならないか？　いやそれは、全然ないです。生活のリズムになっているというか、仕事をしてる上でのいいアクセントにもなっているし」

白い長袖シャツをまくりもせず、ほうれん草を次々と流しで洗い、泥を落としていく。シャツは汚れも濡れもしない。慣れているなあ……と舌を巻いた。

瓜生さんの職業は俳優である。入社試験のない世界に生きる人だ。今までをどんな風に歩んできたんだろう。

「小さい頃から、自分じゃない誰かを演じていたような気がします。両親が共働きだったので、テレビをわりと自由に見ていられたんですよ。物語に入り込んで、自分と違うものになるのが好きでした。特撮ヒーローの『宇宙鉄人キョーダイン』になりきったり、もう少し大きくなると好きな小説に自分をキャスティングして妄想したり」

予備校生のとき、新聞で俳優養成所の案内を目にする。卒業生には芸能界のビッグネームもいた。自分はここに入るべきだという気持ちになり、アルバイトで費用を貯めて入所する。

「父親に勘当されました。大学を目指していたんじゃないのかと。半年ほど友達宅に泊めてもらい、またアルバイトしてお金を貯めて、ひとり暮らしを千葉の松戸で始めて。母親とは連絡を取っていたんですけどね」

まずエキストラの仕事を紹介された。いわゆる通行人や、喫茶店などのシーンで「他の客」として存在するわけである。

「いきなりのエキストラが大河ドラマだったんですよ。『太平記』という作品で。小田茜さんがお姫様の役で、その後ろにいる雅楽の演奏者という役でした。しかもその後、焼き討ちに遭うんです」

思い出すその表情がなんとも楽しそうだった。夢の世界が突如目の前に広がった、人生の特別な一日だったんだろう。

「用意出来たので、そろそろ始めましょうか」

いい出汁の香りがする。湯気立つ鍋の底には黒々とした昆布が敷かれていた。大皿にこんもり盛られたほうれん草を見れば、葉の間にひとひらの桜の花が。風に吹かれて挟まっていたようだ。

「きれいだし、このままにしておきましょうか」と瓜生さん。おや、鍋も桜模様である。春用の鍋なのだろうか。

「いや、そういうわけじゃないです。いつも使ってる鍋なんですよ」

偶然にせよ桜柄の鍋に、花びらまじりのほうれん草。風雅だな……と感じ入る。豚肉もなんだか桜色に見えてきた。


熱々の昆布出汁で豚とほうれん草をしゃぶしゃぶして、ぽん酢でいただく。シンプル極まりないが、実にうまい。鍋ってすごいなと毎回思う。もちろん鮮度のいいほうれん草だからこそのおいしさもあるのだが。

薬味は意外やパクチーをたっぷり、これが合う！　湯引きした豚×ぽん酢×パクチーの相性の良さを教えてもらった。

さて、好きで飛び込んだ役者の世界。だんだんと舞台にも興味を抱くようになり、28歳のとき劇団『東京タンバリン』に入団する。アルバイトを続けながら舞台を重ね、役者としてのキャリアを培ってきた。

しかしどの世界でもそうだが、好きで楽しいばかりではいられない。腕に自信があっても、機会に恵まれず業界を去る人もいる。収入の問題からある程度の年齢を機に転職する人もいる。フリーランスライターの私も、同じような理由から職を変えることをこれまで2度真剣に考えた。

「役者をやめようと思ったことはありますか」と尋ねれば、いいえと即答される。

「次の芝居が決まらないと不安にもなりますけど、半年予定が空いたことって（思い出すように考えつつ）……これまでなくて」

言い方に虚勢的なものは微塵《みじん》も感じられなかった。

「嫌なのは、舞台がハネて（＝終わって）元の生活に戻ることです。稽古の時間や本番の間、その役でいられるのが僕はいいんです」

この言葉を聞いて、瓜生さんは私と会っている間も「インタビューを受ける俳優A」的な誰かを演じていたのかもしれないと思った。ご自身の業《ごう》のようなものと共に生きていくには、俳優でいることがベストなのだろう。芸能界というところは、そういう人たちのための世界なのだとも思う。

ほどなくして、ほうれん草がきれいに片づいた。青菜はゆがくとかさがグッと減る。おひたしにして毎回食べるのはちょっと飽きるけれど、鍋にすると一気に食べられてしまうから面白いものだ。

「野菜は鍋やスープでよく使い切ってますが、意外とお好み焼きがいいんですよ。キャベツに限らず、野菜はなんでも合います。昨日も白菜とほうれん草、ゆで過ぎたスパゲティを入れたお好み焼きを作りました」

なんと、これぞ本当の「お好み」焼きである。

「食材を使い切ることにカタルシスを感じてる面もあって。あとやっぱり、自分の任務でもあるから。家族に対して任務があるってことがよかった。妻のほうが明らかに仕事は大変なので、台所仕事で補いたいという思いが昔からあります」

家族が食卓につきたくなる料理を作りたい、という言葉が心に残った。

最後に、気になっていたことを。勘当されてしまったというくだりである。お父さんとはその後どうなったのだろうか。

「僕が30歳のとき、父は病気で亡くなったんです。勘当はそれ以前になんとなく解けていたんですけど、結局芝居を見に来ることは一度もなくて。でも父の死後、バッグを開けてみたら舞台のチラシが入っていたんですよ」

青山劇場という大きな舞台にはじめて出演したときの記念のチラシ。ずっと大事に取ってあったようだった。

「僕の活動には興味なんてまったくないと思っていたのに。ショックでしたね。そのカバン、毎日使っていたもので。なんで持ち歩いていたのか、当時は理解出来なかった」

自分が父親となった今は分かります、と続けられた。もし父が健在なら感謝の気持ちを伝えたいとも。そのときのなんともいえない表情からは誰を演じているのでもない、瓜生さんその人を私は強く感じ、インタビューの終わりになって「はじめまして」なんて気持ちになった。

服部エレン（はっとり・えれん）さん　1986年、秋田県生まれ。大学に進学する際上京し、卒業後は新聞社に入社。現在は神奈川県にて夫、3人の子どもと暮らす。

細切り野菜と
ごはん入り肉団子の
食べやすいお鍋

ご夫婦がキッチンに並んで、夕飯の支度をされている。夫の聡さんが大きめのボウルを取り出したと思ったら、おや、ごはんを中に入れた。

「鶏肉でお団子を作るんですけど、ごはんを入れるんですよ。白菜とにんじんもたっぷり入るお鍋です。2015年に、たまたまテレビで見て知ったレシピで」

妻のエレンさんが白菜を刻みながら教えてくれる。取材中、「何々をしたのはいつのことだったか」が常に示されて驚いた。エレンさんは新聞記者だから、職業柄だろうか。

聡さん、まずごはんをすりこぎで潰す。しっかりではなく、ほどよく粒を残す感じだ。ごはんと鶏ひき肉を1：3の割合で混ぜる。ひと口大よりは小さめに、慣れた手つきでこねていく。

白菜に続いてにんじんを刻むエレンさん。どちらもかなり細めに。お子さんたちの年齢をうかがえば、上から7歳、4歳、0歳とのこと。食べやすさを考えてのことだろう。

「もともとこのレシピ、ご高齢の方でも食べやすいようにと考えてのものだったようです。いやー……でも緊張しますね。いつもは取材する側ですが、取材を受けるなんて初めてですから。実は前もって細切りの練習もしてたんですよ」

おふたりがクシャッと笑われた。すいません、緊張させてしまって。しかしなるほど、ご高齢の方向けレシピと聞いて納得。ごはんを潰してミンチに混ぜれば、たんぱく質と炭

水化物も食べやすい状態で一緒にとれる。どちらも生きていく上では必須の栄養素、飲み込みやすさも考えられて、いいレシピだな。

「本来は豚団子だったんですけど、いつの間にかうちでは鶏肉になって、豆腐も入れるようになりました。ちんげん菜も入れるんですけど、ちょっと面倒だったので、きょうは入れてません(笑)」

ああ、ありますね。どこかで覚えたレシピがだんだんと「我が家仕様」に変わっていく。もともとは名前のある料理が、次第に名前のない「うちの料理」になっていく。

「あっ、いけね。肉団子におろししょうが入れるの忘れた！」

「スープに入れればいいよー。でも、鶏団子をお鍋に入れるのやってもらっていい？　私、移すとき潰しそうで怖い」

「いいよ、やろうか？」

「いや……やっぱりやってみる」

鍋つゆは、鶏がらスープの素と料理酒をベースにされていた。細切りにした白菜とにんじんは軽く炒めてから鍋中へ。肉団子と角切りにした豆腐も加えて、しばし煮れば完成だ。

おふたりは2012年に結婚された。聡さんは13歳年上で、エレンさんと同じ会社の記者である。

「つきあいはじめたのは2010年の10月の終わり頃で……」と、私が質問する前に補足してくださる。なんだか取材しているというより、取材結果を報告されているみたいな気持ちになる。

「いやあの、私は取材していると時系列が気になるので、そういう情報があったらうれしいかなと思いましてつい……」

いえいえ、ありがたいです(笑)。

エレンさんが新聞記者になったのは2009年のこと。報道部に配属され県警担当となった。いきなりの犯罪報道最前線、「がむしゃらでした」と当時を振り返る。1日のうちかなりの時間を仕事に取られていたようだが、自身の食はどうまかなわれていたのだろう。

「ファミレスで済ませることが多かったですね。近所にお弁当屋さんもあったのでよく利用して。とにかく仕事を覚えるのに必死でした。料理に時間を割く余裕はなかったです」

料理する時間がなければ、買ってきたり外食したりで済ませる。ごく普通のことだし、それで何の問題もない。しかしこの国では、女性というだけで「料理ぐらいはするもの、おろそかにしないもの」と決めつけられてしまうことがある。実はエレンさん、私が『自炊力』という本を書いたときに「取材をしたい」と声をかけてくれた記者さんだった。

この本で私は「日々の食をまかなう力は男女問わず必要」なものだけれども、「その力は人それぞれの形でよく、作らない選択肢だって当然ある」と説いた。日本社会は「手づくり＝いいこと」と捉え過ぎる傾向があり、一部の人々にとってそれは根強い抑圧にもなっている。

「自炊をもっとラクに、楽しもうという意見に救われる」と言ってくれたエレンさんは、どんな食の形を実生活で描いているのだろう……と知りたくなり、今度は私から取材をお願いしたのだった。

お鍋をいただいてみた。まずはおつゆをひとすすり、野菜のやさしい甘みに満ちた鶏のスープが胃にしみて体がホッとする。細切りの野菜も小ぶりの肉団子も柔らかくて煮えて、食べやすく、飲み込みやすい。この「飲み込みやすさ」は幼少期、高齢期の人たちには本当に大事なポイントなのである。

熱々の豆腐はすぐには口に出来ないから、おのずと食べるスピードもゆっくりに。消化のことを考えた、胃にやさしい鍋レシピだ。刺激がほしければ、取り鉢に七味かラー油でも足すとよさそう。味の微調整が個々でしやすいのも、鍋のいいところだと毎度思う。

さてエレンさんは以前、知人男性に「料理、全然しないんだね」と言われたことがあったと教えてくれた。あきれたようなその響きは、まだ心に残っているとも。「女として料理をしないのは恥ずかしいこと」――といった〝呪い〟を周囲からかけられて、気にしたこともあった。

一方で夫の聡さんは、子どもの頃から台所に立つことが多かった。仕事を持つ母親の代わりに料理を担当し、興味を持つようにもなる。

「私のつわりがひどかったとき、さっぱりしたものなら食べられるかもと、もやしときゅうりの酢和えを作ってくれて。それだけは食べられました」

うれしかった、とエレンさん。続けて聡さんが言う。

「女性だから料理してほしいとか、そういう考えはまったくないですね。性別にかかわらず（家事や育児を）一緒にするのが基本だと思いますし。忙しいときはお互い家事が適当になることもあります。『しょうがないよね』と一緒に思えばいいんじゃないでしょうか」

「しょうがないよね」

うん、いい言葉だな……と感じ入る。出来るときにやればいいし、出来ないことは無理することない。しょうがないし、それでいい。そういう風に思えて認め合えるふたりが出会い、生活を共にされているのだと伝わってきて、胸の奥が温かくなる。

「かつての自分は、必要以上に料理に苦手意識を持っていましたね。家族からおいしいなんて反応をもらううち、気負いなく料理出来るようになりました。とはいえ毎日、バタバタですけどね(笑)。末っ子が寝ているタイミングで作ることもあれば、上の子たちが学校から帰って急いで作る日もあるし」

育ち盛りのお子さんふたりに、赤ちゃんのいる共働きの生活。「毎日が闘い」と感じることもあるようだ。だからこそ「自分を追い込み過ぎないこと」を大切にしています、と。「毎日が全力投球だと身がもちません。気合い入れて料理しても、子どもにあまり食べてもらえないことだってある。ほどほどでいきたいですね。今はどうしても時短料理が多くなっているので、その分時間を気にせず、じっくりと料理したいという気持ちにもよくなるんです」

エレンさんのお母さんは、フランスのご出身だ。かつて自分に作ってくれたキッシュや牛肉の赤ワイン煮込みなども、いつか子どもたちに作ってあげたいと目を細めた。そうそう、お鍋の取り鉢がかわいいなと思ったらフランス製で、お母さんのふるさとのものだそう。家族の名前がそれぞれに刻まれていた。

取材の後、「あのお鍋、うどんを入れて子どもたちとまた食べました」というメールをいただく。文字の間から5人家族のにぎやかな声が聞こえてくるようだった。お子さんたちの成長と共に、一家の鍋の形もきっと変わってくるだろう。育ち盛りは具材の量もすごいだろうなあ。あの素敵な取り鉢には今後、どんなものが入るんだろうか。いつかまた、取材させていただきたい。

コラム3

うどんすきにとても助けられています

本書128ページに登場するおチヨさんを取材してから、うどんすきの良さに目覚めて、我が家でもよくやるようになった。忙しくて買いものに行けず食材がないとき、きのこたっぷりのうどんすきには助けられている。作り方というか、用意の仕方をここに書いてみたい。

まず、きのこが手頃に売られていて時間と気持ちに余裕のあるとき、まとめ買いをして「冷凍きのこミックス」というのを自作している。きのこの石づきを落として、食べやすい大きさにそれぞれほぐし、ジッパー付きの保存袋に入れて冷凍するだけ。ぶなしめじ、舞茸、えりんぎ、ひらたけなんかを混ぜている。必要なとき適量を取り出し、汁ものに入れればそのまま具になる。炒めものに入れてもOK、常備しておくと便利なのだ。同じく冷凍しているのが練りもの類。かまぼこ、ちくわ、なると、さつま揚げ、かにかまなど。油揚げも刻んで冷凍しており、これらが我が家のうどんすきの具材となる。そう、冷凍ストックに頼るというわけ。

鍋に水を張ってめんつゆ、あるいは白だしを加える。冷凍きのこミックス、練りもの、刻み揚げを各適量、そして市販の冷凍うどんを入れてしばし煮る。冷凍の状態ですべて水から煮て構わない。野菜はそのときあるものを入れるが、なければ乾燥わかめの世話になる。ミネラルも食物繊維もとれるありがたい存在だ。沸いてきたら味見をして、醤油や塩で味を調える。冷凍ストックさえ切らさなければ10分ちょいで完成する、きのこたっぷりうどんすき。

うどんなしできのこ、練りもの、わかめ、刻み揚げだけで鍋にするとけっこうわびしい鍋となってしまうのが不思議なところ。鶏肉のひとつも入れたくなる。しかしここにうどんが入るだけで、わびしさは霧消して「うどんすき」というひとつの鍋料理となって成立し、「もうちょっと煮ようかねえ」「わかめはすぐに煮えていいね、先に食べようか」なんて水面ならぬ鍋面を眺めながら会話のひとつも楽しみたくなる。

そしてこれが鍋ではなく、別に煮てどんぶりに入れていたら単なる「きのこメインの具だくさんうどん」であり、鍋でやる楽しさからは遠ざかる。また家族分のどんぶりを出して盛って洗って……よりも手間が省かれるのもいい。

鍋という舞台を得て、うどんすきという形式にするだけで、食べる側の気持ちもがらりと変わるのが鍋の面白さだ。ああ、やっぱり鍋って偉大だなあ。

うどんすきのさらにいいところは、うどんという主食の用意をしつつ、つまみが同時に煮える点にもある。私もツレも晩酌が好きなので、ごはんとは別に、ちょっとつまみになるものがあるとうれしい。しかし買いものの余裕もないのにつまみ作りもないものである。そこで、うどんすきだ。すべてを一緒くたにおつゆで煮るだけなのに、わかめや練りものがつまみになる。わかめはぽん酢に七味ちょい、練りものはおろししょうが、刻み揚げはゆずこしょう、なんて薬味を変えれば3品つまみがあるのと変わらない。きのこはオイスターソースちょい垂らす、なんてのもおいしい。ちなみにきのこは冷凍しても食感が悪くならないのもうれしいところ。
先にも書いたけれど、私はぽん酢2種（おろしぽん酢と塩ぽん酢）を家で使っているので、小鉢をふたつ用意するだけで味の感じもガラッと変わる。晩酌を楽しめば楽しむほど、うどんはどんどん煮えて柔らかくなるが、先のおチヨさんよろしく「プヨプヨ」食感のうどんもそれはそれでいいものだ。

うどんすきは、うどん屋さんのメニューにあるものならすべて具材となる。つまり天ぷらを入れるのもいい。お鍋の具に天ぷら、というと違和感があるが、うどんすきだとなんの抵抗もなく具と思えるからまた不思議。よくスーパーへ遅めの時間に行くと天ぷら盛り合わせが割引になっているが、ちょっとしなびた天ぷらなど、うどんすきにするにはお得かつもってこいである。海老やいか、野菜揚げなどをおつゆで煮て、はふはふしつつビールや日本酒をやるなんてのはもう、たまらない時間。春の山菜天ぷらなんかね、うどんすきの具にするとオツなもんですよ。

うどん屋さんのメニューをうどんすき解体する、なんてのも楽しい。刻みうどんなら、たっぷりの刻み揚げと水菜、長ねぎでうどんすき。好みの肉と長ねぎ、きのこなどを煮て肉南蛮風うどんすきにしてもいいし（好みでごま油ひとたらし、七味ちょいがおすすめ）、カレー粉を入れてカレーうどんすきなんてのもおいしい。韓国風の鍋つゆを用意するか、あるいはキムチとコチュジャンを加えてチゲ風うどんすきなんてのも私はよくやっている。

気がつけば随分と長いこと、うどんすきの良さをアピールしてしまった。なんだか、うどんすき振興委員会の会長にでもなったような気分である。

ちょっとオマケ
鍋、いろいろ

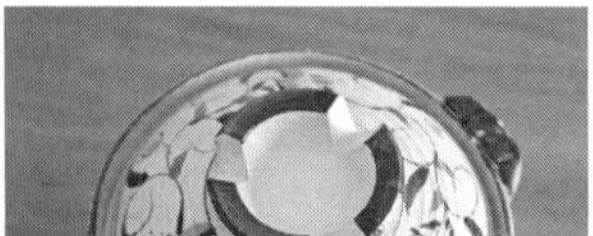

鍋に想うあの人、あのとき
欠かせない具材に記憶が宿る

iv

白寅宰（ベック・インジェ）さん
1982年、大韓民国釜山広域市生まれ。大学時代に日本語を勉強し、2009年に来日。長崎市役所で国際交流のスタッフとして4年間勤務する。現在、コンサルティング関係の会社でグラフィックデザインに関するチーフディレクターをつとめる。趣味はウェイトリフティング。都内在住。

釜山《プサン》の母に習った
鯖とキムチの
蒸し煮鍋

本書でも何度か書いているが、料理して何かを刻んでいるときというのは、その人の性格や人柄が妙に感じられてくるもの、と私は思う。

寅宰さんのにんにくの刻み方は構えの良さが印象的だった。獲物を狙う実直な猟師のよう、となぜか思ってしまう。切り方のリズムが一定で力強く、スパッとした響きが小気味よい。スライスされたにんにくはきれいに形がそろっている。着実な仕事をしそうな人だな、なんて想像した。しかしこのお鍋、にんにくたっぷり。

「韓国の料理は、にんにくを本当にたくさん使うんです。だからまとめてみじん切りやすりおろしにして、冷凍保存する人も多いんですよ」

現在、寅宰さんは都内でグラフィック関係の仕事をされている。コロナ禍からずっとリモートワークになり、週に3〜4日ほど自分で三食をまかなっているという。39歳、韓国のご出身だ。

「コロナになる前から料理はしてました。面倒ではあるけど、毎日外食だと経済的にも、気分的にも嫌なんです。でも、テキトーにやっています。きょうは鯖とキムチがメインのチゲ（鍋）を作ります」

訪ねたのは5月の終わり。もう初夏の陽気で、日差しの強い日だった。これからの暑い時期でもチゲはよく作っている。材料は鯖とキムチ、にんにくの他、大根、玉ねぎ、韓国製の粗びき唐辛子、そして梅シロップに醤油。

韓国では、梅シロップなるものがよく料理に使われると今回知った。ひとなめさせてもらえば、梅の香りはさほどしない。みりんのように、料理に甘みやコクを加える役目のようだ。

「この鍋は、母親に作り方を教わりました。といってもレシピになっているわけではなく、ざっくりと。途中で味見しながら作るんだよって言われて」

ああ、うちの母と似ている。作り方を聞くと「ここで醤油をひとまわし、みりんはドボッと入れて」なんて言う。それじゃよく分かんないよ、と言い返すと「ざっくりでいいのよ」って毎回言うんだよな……と思い出していたら、寅宰さんがキムチを洗いだすので驚いてしまった。

「鯖とキムチのチゲのときは洗うんです。そのまま使うと雑味というか、えぐみが出るんですよ」

うーん、知らなかった！　続けて鯖をボウルに入れて酒で軽く洗い、大根と玉ねぎを刻んでいく。大根は厚めのいちょう切りに。玉ねぎは縦半分に切ってから、繊維に沿って1・5センチ幅ぐらいにスライスする。

鯖とキムチ、そして野菜を重ねて鍋に詰めていく。刻んだにんにくと唐辛子も加えて、

韓国醤油と梅シロップ、さらに全体が軽く浸かるぐらいの水を加えて煮はじめる。

寅宰さんは２００９年に来日された。言葉はとても流暢《りゅうちょう》だ。細かいようだが、助詞・助動詞（いわゆる「てにをは」）の使い方もおかしなところがない。おざなりにしない性格がしのばれる。

「大学時代に日本人留学生と友達になったんです。とても楽しく新鮮な体験でした。彼らに日本の音楽やドラマ、お笑いなどをすすめてもらって」

ハマった、わけである。もっとコミュニケーションを取れるようになりたいと大学で日本語を勉強した。次第に「現地で働きたい」と思うように。

日本の自治体国際化協会（ＣＬＡＩＲ）が主軸となって進めているＪＥＴプログラム（外国青年招致事業）を知り、応募して合格する。そして長崎市役所国際課のスタッフとなった。

「翻訳や通訳をしたり、市内の小中学校で韓国文化を教えに行ったりしていました。教えに行くというのも、おこがましいんですけど。市役所の人たちはとても親切でした」

おこがましい、なんて言葉が出てくるところにまた人柄を思った。そして海外生活と聞くと私は食べもののことが気になってしまう。いきなりの食生活変化、戸惑いや困ったことはありませんでしたか、と訊けば「いえ、好き嫌いはないので」とあっさり。

「韓国の食べものを恋しがる人もいるけど、自分はあまりそういうのはなくて。あ！　でも長崎は甘めの味つけで、醬油も甘くて驚きました。ちらし寿司もかなり甘かったですね」

懐かしそうに笑われた。ちゃんぽんが好きになったという。

勤務は好評を得て、1年の契約が4回更新される。「さらに引き続き」と言われたが、30歳になる2013年に「やったことのないことをやりたい」という思いから転職。大阪で商社の営業職に就いた。

「正直、とてもハードな仕事でした。でも『石の上にも3年』というから」

実際に3年勤めてから転職される。

気になっていたことを訊いてみた。日本に暮らして、差別的な言動を受けたことはなかっただろうか。他国を旅すれば、予期せぬときに何かしらの差別的なアクションを受けることもある。特に韓国の方が日本に来られる場合、近年の状況もあって不安に感じていた。

「いえ、僕は差別的なことを直接された経験はないです。幸い、自分のまわりはいい人が多いですよ。あと、日本人は直接そういうことをしてこないように思います」

直接は、というニュアンスに心が少し痛んだ。嫌なことを思い出させてしまうかもしれないと、伺うのにも正直勇気が要った。だが訊きづらいと思ってしまう気持ちも、また溝

を作るのかもしれない。寅宰さんは続けて「僕が大学時代に仲の良かった日本人留学生は

みんな、差別意識のない人たちでしたから」と言われた。彼らと交流することで得られた

信頼感が、気持ちのベースに安心としてあるのかもしれない。

　鍋を火にかけて15分ほどが経っていた。そろそろ煮上がる頃だろうか。

「うーん……もうちょっと大根に火を通したいですね。あと10分か15分は煮たい」と、粘りたそう。スマホを開いて何かを見返している。お母さんに作り方を教わったときの履歴だった。「ざっくり伝える→具体的に質問し返す」みたいなやり取りが続いていたようで、微笑ましかった。

　さらにしばし煮て、ふたを開ければ唐辛子の赤があざやか！　味見をさせてもらうとさほど辛くない。意外と食べやすいのが印象的だ。

大根とにんにくの香り、玉ねぎの甘み、鯖の強いうま味とキムチの酸味に唐辛子の辛み。個性的な風味のあれこれが鍋でじっくり煮られることで、協和して共存し合っている感じ。味わい深い鍋だった。

「これ、鯖とキムチのチムという蒸し煮料理なんです。家でよく出てきたんですよ、父が魚料理好きなので。僕も好きですけど、家にいた頃はもっと肉が食べたいと思ってました

（笑）」

寅宰さんは韓国の海沿いの都市、釜山の生まれである。魚介を使った料理が特に有名なところだ。実家に住んでいた頃は、祖父母にきょうだい含めて全員で6人家族。お母さんは朝昼晩と全員分の料理を作っていた。

「母は田舎の人で、味噌や醤油まで自分で作っちゃうんです。キムチもめっちゃ漬けてましたね」

語尾に「家のキムチが食べたいなぁ……」といった気持ちがこもっていたような。実家へはコロナ禍になって、3年ほども帰れていない。

「もう今は帰ろうと思えば帰れるんですけど、いろいろ大変で。秋には仕事も落ち着くから、休暇を取って必ず帰りたい。去年産まれた姪っ子にも会いたいんです」

海の向こうのファミリーを語るとき、なんともいえない笑顔を見せた。お話を聞いていると、にぎやかな家族の食卓が見えてくるようだった。久しぶりに帰省されたら、寅宰さんはお母さんが料理するところを隣で見るような気がする。そして日本に帰ってきて作るチゲは、家の味にもっと近づくんだろう。

おチヨさん　1974年、和歌山県生まれ。県内で調理師として勤務し、料理経験を積んだのち42歳のとき大阪でひとり暮らしを始める。居酒屋で1年ほど勤務、現在は学校の給食調理師として働く。日常の食事をアップしたSNSにファンが多く、X（旧Twitter）でのフォロワー数は2023年7月現在で約6・1万人。

しっかり煮込んだ“プヨプヨ”食感のかぼちゃ入りうどんすき

「お鍋いうたらね、うちではうどんすき。実家でもそうやったし、ひとりでもよくやります。かぼちゃを入れるのはめずらしいですか。昔、私が入れてみようよと言ったらしいんですけど、私はお母さんが入れたような気がするんです」

もうどっちだったか、分からないとおチヨさんは笑った。

家でよくやる鍋って「欠かせないもの」がある。それがしらたきやお麩という家もあれば、具材ではなく「どこそこのぽん酢」なんて家も。おチヨさんの家では、かぼちゃのようだ。

「あとね、しゅうまい。しゅうまい、お鍋に入れたらおいしなる。私は『551』のしゅうまいを入れるんですよ。いい出汁になります」

豚まんで有名な『551 HORAI』は大阪の人気中華店。関西では抜群の知名度を誇り、皆551と略して呼んでいる。新大阪駅や京都駅のおみやげ売り場で見かけた人も多いだろう。ぽってりと大きいしゅうまいは、肉あんがふわっと柔らかいのが特徴だ。

きょうの具材は他に白菜、しいたけ、長ねぎ、お揚げさん。削り節と昆布の出汁に、酒、みりん、醬油、塩で味つけする。まずキッチンで先に鍋を煮てから、すぐ後ろの食卓へ運ぶ。漂う湯気は、昆布の香りが濃厚だった。大阪は鍋つゆやうどんつゆといえば、昆布をしっかりきかせる人が多い。そしておつゆの色の薄さに関西を思う。

おチヨさん、冷凍庫からうどんを取り出した。

「冷凍のおうどん、ヘタな乾麺ゆでるよりよっぽどおいしい。最初から入れて煮ちゃいます。そのほうが味入る。煮込んでプヨプヨになったうどん、好きなんやもん」

さあ、夕食の始まりだ。おつゆをひとすすりして、なんともリラックスした表情を見せる。「おいしいなあ……」という文字が顔いっぱいに広がっていた。出汁に満ちるうま味が体中に広がっているんだろう。

なんだか、うどんすきがおチヨさんの肩を「きょうもお疲れさま」と揉んでいるかのように思えた。


大阪市の東部にあるご自宅へうかがったのは16時、ちょうど仕事を終えて帰宅されたところだった。近所には歴史のありそうな商店街があって、精肉店や青果店など、個人商店が元気に営業されている。取材前に少し散歩していたら「おっちゃん、これなんぼー？」なんて買いものする人の大阪弁を生で聞けて、うれしかった。

おチヨさんは今、学校の給食調理師として働いている。

「朝の7時から15時までが勤務時間です。コロナになって、子どもたちが自分で配膳するというのがなくなったので、今は調理したものをひとつひとつお弁当箱に詰めるまでをしています。うちの学校は職員の方の食堂もあるので、お弁当の準備が終わったらそっちの支度もして」

生徒数は約700人、職員数が約300人ぐらいと大規模だ。おチヨさんは給食の現場責任者をつとめている。体力的にも精神的にも、大変なお仕事だろうと察する。

「いえいえ、現場はホワイトですよ。残業もないし、周囲が本当にいい人ばかりでありがたくて。仕事にはむちゃくちゃやりがいを感じてます。昔は居酒屋で働いていたこともあるんですが、少人数の食事を用意するのとはまたベクトルの違う楽しさがありますね」

きょうは飲みますかね、とビールを開ける。地元で製造される箕面《みのお》ビールは香りがよくて、味わいしっかり。おチヨさんのお気に入りだ。余談だが、箕面ビールはその名のとおり大阪府箕面市で造られている。箕面山に住むニホンザルが有名で、天然記念物にも指定されており、市のシンボルのひとつなのだ。箕面ビールのラベルにも猿が描かれていて、これが実にかわいらしい。味もよくて、私も数年来ファンのひとり。ご興味が湧いたら探してみてほしい。

さておチヨさん、お酒は大好きとのことだが晩酌は日課ではないそう。

「この料理にはお酒がないとどうにもこうにもならん、ってときだけ飲むんです。酔いたいとかは思わない」

ただ、友人と飲んで食べては大好き。お手製の料理で仲良しをもてなす会も定期的にされていたが、コロナ禍に入って、外食も含めてきっぱりとやめた。

「私にもしものことがあったら、給食が止まってしまいます。千人もの人に迷惑かけるようなことは出来ません」

勤めている学校は幼稚園から大学までの一貫校。

「もう責任、重大。だって幼稚園の子なんて、私が作る料理ではじめてその味を知ることだってあるんです。出来るだけおいしく、そしてなるたけ食べやすい状態で出してあげたいと思いますね」

おチヨさんは例えとして、筑前煮を挙げた。給食ではじめて筑前煮を食べて「おいしくない」と思ったら、その子はずっと「筑前煮＝おいしくない」というイメージのまま育ってしまうかもしれない。料理に悪い印象を植えつけてしまうようなことは絶対にしたくない。だからこそ、子どもたちの成長に合わせて食材の大きさ、切り方も考え、少しでも食べやすいようにしたい。調理と同時に、食育にも私は携わっているのだという強い誇りを感じた。

話を聞いているうち、すっかりプヨプヨになったうどん。「うどんはコシ！」派も多いかもだが、しなだれるような感触のうどんというのも別の良さがある。胃にもやさしい。お鍋を味見させてもらえば、かぼちゃが煮えて、少し煮くずれたところが豚肉や野菜に絡み、口の中で一緒になる感じがとてもおいしかった。大きく切られたしいたけが存分におつゆを吸って、噛んでいると幸せな気分になる。そしてまたうどんをひとすすり。シメにうどんを入れるのではなく、最初から一緒に煮るうどんすき。東ではあまりやらないけれど、これもいいものだな……なんて考えていたら、

「私ね、一時期うどんが食べられなかったんです。大好きやったのに」

とおチヨさんが突然、言われた。

和歌山県の実家で暮らしていた小学生の頃。母親のきょうだい、おチヨさんにとっては叔父のふたりが讃岐うどんの店を営んでいた。彼らの作るうどんは、それはそれはおいしかった。しかしあるとき、叔父のひとりが事故で急逝してしまう。ショックのあまり、うどんを見ることも出来なくなる。ようやく食べられるようになったのは、20代も後半になってからやったんです……と。

「今夜はもうちょっと飲みましょうかね。次はシードルかな……」

冷蔵庫を開けて何を飲もうか、しばし迷う。そして作りおきのおつまみが続々と出てきた。ホルモンの煮たの、生落花生の煮たの、ほうれん草と菊花のおひたし、きのこのマリ

ネ。味見させていただいて、取材役得なんて言葉が脳裏に浮かんでしまった。火の通し具合、味つけの加減がどれも絶妙で。特にきのこのマリネ、バルサミコ酢とお醤油を使った味つけがたまらない。ホルモンの煮ものにはすだちをひとしぼり。おひたしにのっけたいくらも自家製だ。

おチヨさんは料理を仕事にしているが、私生活でも自分のため、楽しみのために料理をされている。SNSに上げられるそれらの写真を見るのが毎日の楽しみという人は多い。私もそのひとりなのだ。

盛りつけやコーディネーション含めて魅力的なのだが、なんというのか……毎日「きょうの気分で、どうしてもこれが食べたかったから作りました」という強い気持ちがきちんと感じられてくるのが、何より好ましいのである。ああ、この人は「食べたい!」と思ったら少々の手間など厭《いと》わず、もうがむしゃらに作ってしまうタイプの人なんだなというのが写真から素直に伝わってくる。にじみ出ている。そういうもろもろを含めて、食いしん坊たちの共感を呼んでいるのだと思う。

しかしおチヨさんの友人たち、コロナ禍に入って〝チヨ宅飲み〟が出来なくなってどんなにかさびしいことだろう。彼らの嘆きが聞こえてくるような気がした。

「給食の仕事は腰立たんようになるまでやりたい」

おチヨさんはそう言い切った。なんとも、すがすがしい表情で。一生の仕事と即座に断言出来るものを手にした人特有の清らかな表情だった。

大網直子（おおあみ・なおこ）さん
1966年、福島県生まれ。短大卒業後、バックパッカーとしてタイやインドネシア、オーストラリアなどを旅した後、アパレル会社に勤務。40歳で退職し、2011年に犬猫の保護シェルター『おーあみ避難所』を設立、代表をつとめている。神奈川県横浜市に夫と暮らす。

欠かせないのは鱈と牡蠣
犬と猫に囲まれて
食べるいつもの鍋

家族は夫と、犬猫合わせて70匹。

大網直子さんは、自宅の1階を保護犬と保護猫のシェルターにしている。飼育放棄された動物たちを預かり、世話をしているのだ。訪ねた日、玄関前にはたくさんの宅配便が積まれていた。

「各地から送っていただいた支援物資なんです」

ドッグフードやキャットフード、専用のトイレ用品など、犬猫の飼育に必要な日常消耗品の数々。あるいはケージやキャリーケースなど。大網さんの活動を応援する人たちから送られてきたものだった。

中に入れてもらって、動物たちに対面させてもらう。いや対面というより、囲まれる感じだった。70匹という数が、リアルとなって目の前に迫る。これは……先の段ボールの山がすべて犬猫の食糧だったとしても、数週間でなくなるのではないだろうか。

「そうなんです、本当にあっという間ですよ。だからご支援くださる方々がとてもありがたくて」

私は2匹猫を飼っているので、キャットフードがなくなるペースと値段のことも少しは分かるつもりである。手間と経済的な面での大変さがしのばれた。

朝の7時が大網さんの起床時間。すぐに犬猫のトイレの片づけ、エサやり、病気の犬猫への投薬と、やることはいっぱいだ。薬ひと粒飲ませるのだって、犬猫の場合は大ごとなのである。

「ボランティアの方が9時に来てくれるので、それから犬の散歩に行ってもらったり、支援物資の仕分けをしたり。自分の朝ごはんですか？　パンにチーズをのっけて焼いたもので済ませることが多いかな」

犬猫たちは、傷を負った状態で保護されることもある。

「そういう子を通院させたりもあって。今ちょうど週3回、月・木・土と病院に連れていってる子がいます」

その猫は胸に大きな傷を受けていた。4本の足が折られた状態で保護された猫もいる。事故にあったか、それとも虐待を受けたのか。2匹とも大網さんたちによって治療を受けられ、今は自分でエサも食べられるぐらいに回復していた。

「忙しくて、昼はおやつで済ませちゃうことが多いんです。食べる時間がなくて。夜は20時とか21時に食べることが多いかな。夫と一緒に。私はもう主婦としては最低なんですよ(笑)。普段はコンビニごはんもさんざん利用してます。つきあわせてますねえ」

料理はきらいじゃないが、もともと時間のかかる料理は好まないし、かける余裕もない。

「(調理プロセスは)切るので精一杯。一品出来ればいいんです。だから鍋はよくやりますよ。

定番の具は鱈と牡蠣。鱈もほら、切れてるのがあるじゃないですか」

パックから出せばそのまま具になるのがいい。牡蠣は下処理が必要だけど、好物なのだろう。動物たちの世話をするためのスタミナ源なのかもしれない。

長ねぎと白菜、豆腐を手際よく切られていく。しいたけは石づきを落として、丸のまま具にする。

「洗うのがラクで、鍋以外にも使えて便利」という鍋型ホットプレートに具をどんどん詰めていく。味つけは鍋つゆの素を利用、きょうはキムチ風味にした。

「これだけで味つけするとちょっと濃いから、昆布出汁も入れるんです。煮えたら最後にごま油をたらすのが最強においしい」

あれこれカスタマイズ出来るのは鍋のいいところである。そして料理している間、大網さんは小まめに台所のあちこちを拭かれていた。鍋が煮えるまでにあちらをひと拭き、こちらをひと拭き。そうか、これだけ犬猫がいても部屋が毛だらけでないのは、小まめな掃除あればこそなのだ。

たびたび自分の話で恐縮だが、猫2匹飼いの我が家も、掃除やブラッシングをちょっとサボると部屋に猫毛が溜まりだす。日々ていねいに掃除され、犬猫の世話をされていることがうかがわれた。

「いやいや、毛はどうしても残りますよ。毛の生えてるものと暮らすんですから。掃除はねえ、なるべくモノを少なくしていかないと大変」

大網さん、あるとき思い立って炊飯器を捨てた。レンチンのパックごはんでじゅうぶん、と。鍋のシメのおじや用に、きょうも1パック用意してある。


鍋が煮えてキムチの食欲を誘う香りが漂う。ぐつぐつ音を立てる鍋の横を猫が平然と通り過ぎた。猫たちにとっても鍋があるのは日常の風景なのだろう。大網さんの足元には大きな犬が寄ってくる。何か食べたそうだ。

「野菜を食べたがるんですよ。白菜が好きで、刻んでいると来るんです」

甘えた上目づかいがなんとも愛らしい。

大網さんは小さい頃から、捨てられた犬猫を保護しては飼っていた。結婚時、新居には8匹の猫と共に入る。夫さんは会社員時代の同僚で、夫婦になって22年目。彼は犬猫との暮らしをどう思っているのだろう。

「よく訊かれるんですけど、嫌だったらとっくに出ていってると思います(笑)」

主婦となってからも犬猫の保護や里親探しは続けてきた。2011年に東日本大震災が起こり、「福島原発20キロ圏内 犬・猫救出プロジェクト」に参加する。約2年半にわたり、

福島に通って残されたペットたちの保護活動にいそしんだ。

「活動が広がっていくうち、『うちも助けてほしい』という声が各地からあって。それを聞いちゃうと……やろうかな、って」

自分がやるしかないという思いから、２０１１年に『おーあみ避難所』を設立する。

大網さんは正直な思いも聞かせてくれた。プライベートがどんどんなくなっていく大変さはある、と。ボランティアの人たちも24時間いられるわけじゃない。犬猫の世話に休みはない。今年で56歳、「体力も落ちていく一方」なので、誰か本気で引き継いでくれる人がいたら……とも考えている。

お鍋の用意をしているとき、ふと大網さんに尋ねた。

「鱈と牡蠣が定番とのことですが、お肉はあまり食べませんか？」

「もともとは食べていたんですよ」

だが、福島の原発避難区域で救出活動をしていたときに、餓死した家畜たちの姿を目にする。

「そのときから、なんとなく食べたくなくなっちゃって」

私は言葉を返せなかった。

これまでに犬猫と里親を引き合わせた件数は、約2000件。しかし保護が必要な犬猫は後を絶たない。

「そういう子たちが元気になっていく姿を見られるのがうれしいんです、やっぱり。世話をしていると、こちらも元気をもらえます」

だからシェルターを続ける力のあるうちはやりたい。と、ここで大網さんが話の途中で立って向こうに行かれた。どうしたのかなと思えば、猫のトイレにフンが溜まっていた。近くには嘔吐物も（猫というのは具合が悪くなくても、体に溜まった毛玉などをよく吐く）。まとめて片づけて、戻ってこられる。

「人間だって、いつでもきれいなトイレを使いたいでしょう」

気がついたときにすぐやる、が体に徹底されている。そう感じた。

取材を終えてお宅を後にするとき、もう一度犬猫たちの居場所に行かせてもらった。最初に接したときにも思ったことだが、怯えや拒絶といった感情を私は彼らから感じなかった。想像を絶するほどの残酷な目に遭った犬猫もいるというのに。大網さんたちスタッフの皆さんが彼らの心をほぐしていかれたのだろう。

犬猫たちの譲渡会は定期的に開かれている。「おーあみ避難所」で検索してみてほしい。

飼育放棄される動物がどうか一匹でも減りますように。

桂吉坊（かつら・きちぼう）さん
1981年、兵庫県西宮市生まれ。17歳で桂吉朝に入門し落語家の道へ。2000年から3年間ほど、桂米朝（吉朝の師匠）の内弟子として住み込みで過ごす。自身の落語会はもとより、他ジャンルの古典芸能家とのコラボイベントなどでも活躍。大阪府在住。

ゆきひら鍋で 白菜、豆腐、鶏を煮る 師匠に教わった鍋

秋の終わりを感じさせる冷気が風に交じりはじめた頃、桂吉坊さんの家を訪ねた。大阪市中央区の長屋の2階が、まるまる吉坊さんの部屋だ。窓ぎわの円卓に用意されていたのは、カセットコンロとゆきひら鍋。水が張られて、大きめの出汁昆布が寝そべるように鍋底に横たわっていた。

家のあちこちに本が積まれている。古書も多く、見たところ落語およびその関連本ばかり。『大阪ことば事典』『日本伝奇伝説大事典』なんて本のそばには、畳紙《たとうし》に包まれた和服がいくつも積まれてあったり、「吉」の文字がいっぱいに染められた風呂敷包みがあったり。

そこかしこに古典が散らばっているな、という思いになった。

台所から包丁を使う音が響く。

リズムのある、作り慣れた人の出す音だ。

「コロナになってから落語会もやっぱり減ったので、家にいる時間も増えたんですよ。料理する機会も多くなりました。鍋は多いときで週に2〜3回、一度にいっぱい作って、3日ぐらい食べ続けることもあります」

白菜の葉の部分と、厚みのあるところをてきぱきと切り分けていく。白菜は厚い部分を先に煮ておき、薄いところはすぐ火が通るので食べる直前に入れると、よりおいしくいた

だける。小ぶりな4分の1把があっという間に刻まれた。

「きょうの気分で、鍋料理を作ってください」

そんなざっくりしたお願いを快く引き受けてくださった吉坊さんは、現在40歳。上方落語界では、もう中堅どころになるだろう。

初めて包丁をにぎったのは、桂米朝《べいちょう》師匠の内弟子になったとき。19歳だった。内弟子とは師匠宅に住み込み、日常の用事雑事一切をしなくてはならない。師のやることなすことを間近に見て、手伝いつつ、落語家として必要なこと、修業者としての心構えを実際の稽古以外から学んでいく……という昔ながらのやり方である。

「食事の支度もするんですが、料理は初めてもいいとこで。最初は何をどうしていいのか全然分かりませんでした」

米朝夫人や兄弟子から教わりつつ、見様見まねで料理を覚えていく。覚えは早かった。興味も出てきて、そのうち魚をさばくようにもなる。

「自己流です。あるときうちの師匠（吉朝《きっちょう》）が釣りにハマり、急に鯛を持ってきて、さばくことになってしもたんですよ。しどろもどろになりながらもやりました。そうしたら『落語の稽古にもなるがな』って」

えっ、鯛をさばくのが？

「鯛が出てきて料理するような噺《はなし》がいくつかあるんです。あ、大根のかつらむきも覚えましたねえ。米朝師匠がお刺身お好きなので。〃つま〃から作るんですわ。直弟子に元板前の人がいて、教えてくれました」

落語家修業、並大抵ではない。それはさておき、吉坊さんのきょうの鍋の具は、豆腐に白菜、鶏肉とシンプル。昆布出汁で煮て、ぽん酢でいただく。

「米朝師匠がお好きだった、豆腐と白菜だけの湯豆腐です。まず豆腐だけ昆布出汁で煮て、濃口醤油と花がつおで食べてから、次に白菜を入れます。鍋のときは他におかずなし。だから『きょうは鍋や』と言われると『助かったー』と思いました、ラクですから。鍋のときは師匠、必ず飲んではりました」

ちょっと説明しておくと、吉坊さんの師匠は吉朝さん。吉朝さんの師匠が米朝さんになる。自分の弟子には、大師匠である米朝さんのもとで内弟子を3年間つとめさせるというのが吉朝さんの考えだった。

米朝さんは上方落語中興の祖といわれる大名人。芸徳のみならず人徳の高さが伝わってくるような語り口が素晴らしかった（2015年逝去）。実は私も大ファン、ついつい話を聞きたくなってしまう。米朝さんは大の酒好きだったそうだが、食事どきはお酌も用事のうちだったのだろうか。

「いえいえ、一升瓶からご自分で直接コップに注がはります。常温で、ずっと手酌で。〝いらち〟ですから(笑)。人にも注ぎたがりましたね。ビールも飲まはりましたけど、大体が日本酒で。お酒はほぼ毎日でしたよ」

いらちとはせっかち、気が短いみたいな意味の関西言葉。当時米朝さんは75歳、まだまだお元気だった。

「なんでこんなに飲めんねやろ……って思ってました(笑)。僕は酒の〝稽古〟も完全に米朝師匠からです。お酒は好きなんですよ、当時あまり飲める弟子がいなかったもんですから、『お、飲めんねやないかい』なんて喜ばれて」

飲み相手として聞いた雑談や思い出話が、のちに芸に活きることも多かったに違いない。

吉坊さんは豆腐と白菜を楽しんでから、鶏肉とたっぷりの千切りしょうがも加えた。このふたつを入れるのは、日本舞踊の師匠（上方舞の山村流、山村友五郎師）宅でごちそうになった鍋から影響されているそう。なるほど、吉坊さんの日常鍋は師匠ふたりのスタイルがミックスされているのだな。

日舞というと、米朝さんの代表作のひとつ『地《じ》獄《ごく》八《ばっ》景《けい》亡《もう》者《じゃ》戯《のたわむれ》』を思い出す。その名のとおり地獄が舞台のユーモラスな大作だが、閻魔《えんま》大王の袂《たもと》を返す決まり姿など、日舞を習った人だからこその形の良さを米朝さんも吉坊さんも見せる。落語において日本舞踊は重要な素養なのだ。

吉坊さんが落語に魅せられたのは、中学生のときにさかのぼる。ラジオで偶然耳にした『けんげしゃ茶屋』という噺が面白くて、たまらなかった。アナウンサーが告げた落語家の名は、「かつらべいちょう」。

「中学2年生でした。芸者とかお茶屋さんが登場する話なんですよ。もちろんなんのことかさっぱり分かれへん。なのにもう、面白くて、面白くて」

これはすごいものだと感じ入る。テレビで落語があれば見逃さないようになり、落語会にも行くように。中学3年生のとき桂吉朝さんに弟子入りを願った。

「これまたラジオで聴いた『時うどん』がもう衝撃的に面白くて。『すごい落語すんねやなあ、この人!』と思いました」

だが「高校に行け」と諭され、一旦は進学する。高校2年生のときにめでたく入門が叶った。吉朝さんは43歳だった。

「辛抱づよく、ていねいに稽古をつけてくれたなあ……と思いますね。息つぎはここ、音程が違う、イントネーションがおかしいと、細かく教えてくれるんです。『このセリフはここのセリフと対になってるから、変えたらいかん。突っ込みは同じ言葉ばかりだと咄《はなし》がダレる』なんてことも。よく言われたのは目線で。『お前、今は何を見てんねん、見てるものはどんな大きさやねん。お前に見えてないもの、お客さんは見えへんぞ』って。そんなにして教えてくれてるのに、僕がまぁ全然覚えない(笑)。不埒《ふらち》な弟子でした」

鍋の置かれた円卓に向かうように、吉朝さんの写真が置かれてある。座るとちょうど目線の合う高さで。

吉朝さんはもう、この世にいない。がんで亡くなられたとき、まだ50歳だった。

「入門してから……7年間ですね、一緒にいられたのは。師匠につかせていただけたのは幸せなことでした。根がやさしい人だった。その分、笑いが厳しくて。師匠みたいになりたいなと思って、似せようと追いかけてしまうことがずっと嫌でしたねえ。全然そこに行きつけませんから」

だが最近では、素直にその芸を追いたいという気持ちになれてきたと語る。

吉坊さんは落語以外の勉強も熱心だ。大好きなんですよと、菅楯彦《すがたてひこ》の画集を見せてくれる。明治から昭和を生きた日本画家で、大阪の市井の人々と風俗を愛し、描き続けた。

「楯彦先生が描くような当時の様子、人々の姿や表情をお客さんに喋りで見せる、感じさせるにはどうしたらいいのか……なんてことを考えるのが好きなんです」

自問自答を重ねながら、吉坊さんは鍋をつついているんだろう。かつて米朝さん、吉朝さんが中学生の自分に感じさせた落語の豊かさを今の世代に伝えたいという思いがある。

「伝えていくことをしないと、師匠や先輩方に申し訳ないですからね。落語は自分の命の恩人やと思《おも》てます。落語に出合ったことで、自分も……この世に居ていい存在なんだと思えたというか」

目標はありますか、と訊くとしばし考えたのち「質を高める、ということですかね」とだけ返ってきた。自身の芸でもあり、人間の質ということでもあり、両方の意味に思える。静かな熱意が伝わってきた。

飾られている吉朝さんの写真の上に、米朝さんの写真もある。浴衣姿で、実にくつろいだ表情だ。ふたりの師匠と一緒に、吉坊さんはいつも食事をしているんだなあ……なんて感じていたら、窓から風が入ってきて、ゆきひら鍋からいい匂いの湯気が立った。

「そんなに豆腐を煮込んだらあかんがな」

米朝さんの声がふと聞こえたような気がした。

コラム4

伝わる郷土の味、各地の〝おなじみの鍋〟

秋田市で生まれ育ったYさんは大学時代の同級生で、料理がとびきり上手な人だった。冬になるとよく「作り方は適当だけど」なんて笑いながら作ってくれたふるさとの鍋がうまくて、うまくて。一度作るところを見せてもらった。

まず炊きたてのごはんをボウルにとって、粒が軽く残るぐらいにすりこぎで潰し、手のひらで丸めて団子状にする。

「地元では米を潰す手順を、はんごろしにするって言うんだよ」

物騒な物言いに驚いたけれど、のちに秋田を旅してみれば実際に広く使われる表現で、「お米炊けたらはんごろしにしといてね〜」なんて地元のお母さんが言われていたのは忘れられない。

レシピの続き。鶏もも肉のぶつ切りを水から煮て酒、醬油で味を調え、鍋つゆにする。ささがきごぼう、舞茸、根付きのせり、先の米団子を入れて煮れば完成だ。

「だまこ鍋って呼んでるね。だまこ汁って呼ぶ人もいるかな。きりたんぽが有名だけど、あれは杉の棒に潰した米をつけて焼くでしょう。手間だから、その簡易版みたいな感じ。本当は鶏がらスープで煮るんだけど、まあ手軽に作ればいいかなって」

せり、ごぼう、きのこと香りが強くていい出汁になる具材ばかり。それらがけんかせずに協和して深い味わいを形作る。うま味を存分に吸った米団子がまたおいしい。はじめていただいたときは言葉を失くして黙々と食べ続けた。秋田の人ってうまいもの食べてるんだなぁ……と感じ入っていると、「うちのほうだといつもの鍋って感じのものだけどねえ」とYさんが笑う。

「気合い入れて作るときは、秋田名物の比内地鶏のスープで煮たりもするよ」

おお、もっと濃い味わいになるんだろうな、ぜひとも本場で食べてみたい……と強く思った20歳のあの日は随分と遠い過去になってしまった。

Yさんは今も元気で、先日も一緒に飲んだばかり。尋ねてみれば、だまこ鍋を僕に作ってくれたことなどきれいさっぱり忘れていた。

さて去年のこと、秋田出張が入って私はだまこ鍋と再会することになる。秋田の特産物のひとつ、じゅんさいの取材だった。JRの秋田駅から北に車で1時間ぐらいの三種町《みたね》が目的地、県内でも有名なじゅんさいの産地である。地元での食べ方を教わったのだが、なんと「鍋に入れる」という使い方が。聞けばあのだまこ鍋だった。

「じゅんさいってこのあたりでは初夏の訪れを告げるものですが、気温が高くなってきても、こちらは鍋をやるんですよ。じゅんさいをたっぷり入れて」

じゅんさいとは水草の一種で、ゼリー状の透明なぬめりに包まれた若芽やつぼみ部分が食用となる。つるんとした独特の食感を体験された方も多いだろう。ゼリー状の部分、煮込んだら溶けてしまうのではと思ったけれど意外と丈夫なのが発見だった。

鍋の汁をすすると、じゅんさいがスルスル口の中にスライドしてきて妙な快感が生まれる。熱々なのに涼感が生まれる食味は忘れがたいものだった。だまこ鍋は三種町でも一般的なもので、「鍋といえばこれ」ぐらいのポピュラーなものと聞いた。私にとっては印象的この上ないスペシャルな鍋が、地域によっては「ごく普通に」食べられている――「所変われば食変わる」は何度体験しても興味深く、面白い。

蛇足になるが、じゅんさいは三種町だとわさび醤油やぽん酢でそのままつるっといただくのが最も日常的な食べ方とのこと。「暑い時期、食欲のないときは特にいい」と地元の方々が声をそろえる。私も体験してみて「こりゃいいな」とすっかり気に入った。機会があれば、ぜひお試しを。

東北の鍋が続くが、地域で伝わる鍋として私にとってなじみ深いのは芋煮である。秋風が吹き出す頃、主に河原で里芋などの根菜類や肉、長ねぎなどを鍋で煮込み、大勢で食べるのが一般的な芋煮だ。山形県が有名だけれど、宮城県でも季節の風物詩として愛されている。

私は小学生時代を仙台で過ごしたのだが、父が仕事仲間と一緒に河原まで車で連れていってくれ、参加したみんなで里芋やにんじんの皮をむき、こんにゃくや大根を刻んで、大鍋で煮て囲むというのがなんとも楽しかった。夏場に河原や海でバーベキューを楽しむようなノリで、宮城の人は秋口に芋煮を楽しむのである。味つけは味噌で、豚肉が入る。他県の人から「それ豚汁じゃないの?」とよく言われるが、芋煮は芋煮であり豚汁とは違うのだ。

大人になってから何度も仙台を再訪しているけれど(父の転勤につきあわされた私にとっては、比較的長く過ごせた仙台は唯一の故郷的空気を感じられるところ)、習い事などのサークル、あるいは居酒屋やスナックなどの常連有志による芋煮会がよく行われているのが印象的だった。「通ってるお店の芋煮会イベントで出会って結婚した」なんて方も数組知っている。

芋煮というのは料理名なのだけれど、「芋煮をしよう」と言ったら「芋煮を作ろう」ではなく「河原に行って芋煮会をしよう」ということを意味する。そう、自宅で作る小鍋の芋煮は「里芋がごろごろ入った豚汁」になるが、河原に行って大鍋で作ればこその芋煮。鍋の名前がすなわちイベントを指すというのもめずらしいケースではないだろうか。一説では里芋の収穫祭的なものが伝統化したとも言われるが定かではない。最近では食材一式、鍋や燃料も含めてレンタル可能な「手ぶらで行ける芋煮会場」もある。この本を書くにあたって地元の方々にヒアリングしてみたら、「大学のサークルイベントでも定番ですよ」と聞いてうれしくなった。芋煮は若い人たちにも愛され、継がれているのだな。

郷土の味といえば、現地でぜひ味わってみたいと思っている鍋がある。兵庫県の沿岸部を中心に楽しまれているという鱧《はも》と玉ねぎの鍋で、現地では「鱧すき」の名が一般的だ。鱧も玉ねぎも兵庫県の淡路島の特産品で、淡路島から船で10分ぐらいの沼島というところが鱧の好漁場と聞く。

鱧あらを煮てひいた出汁に鱧の身と輪切りにした玉ねぎを入れて煮るシンプルな鍋で、ほかに具材を入れるとしても少々のねぎや豆腐ぐらい。鱧と玉ねぎから出る味を純粋に楽しむためだとか。神戸市灘区にお住まいの方に聞けば「近くの鮮魚店で鱧をさばいてもらって、家でもやりますよ。兵庫に限らず関西では鱧のポピュラーな食べ方だと思いますがね」とも。

『名前のない鍋、きょうの鍋』は現在も不定期に連載を続けさせてもらっている。次回はぜひとも、この鍋を自宅でやられている方を訪ねたいと思っているのだが、取材OKの方を見つけられないまま夏が過ぎてしまった。

我に遊び、鍋に楽しむ

楽しみとしての食

V

須賀典夫（すが・ふみお）さん
1951年、山形県米沢市生まれ。小学3年生のとき神奈川県横浜市に転居し、その後相模原市で20歳までを過ごす。高校卒業後、ガラス工場や新聞配達、印刷工場、着物図案制作、書店員を経て、30歳で古書店経営者として独立。現在はネット通販専門の『古書　古群洞』を営み、長野県茅野市に暮らす。妻は作家の井上荒野氏。

薪《まき》ストーブのそばで食べる ケジャン入りの キムチと野菜の鍋

「きょうは暖かいですよ、いい日においでになった。山もきれいに見えて。あれ、八ヶ岳連峰です。4時過ぎにまた見てほしいです、夕映えが絶対にきれいですよ」

白髪頭のタクシー運転手さんは弾む声で言って、最後にまた「いい日においでになった」とひとり言のようにつぶやいた。

長野県のJR茅野《ちの》駅からタクシーに乗り、私は須賀典夫さんの家を目指していた。だんだんと標高が上がって、雪の積もったところも増えてくる。住所のあたりに到着すると、すっかり葉を落とした林の合間にロッジ風の家が点在していた。どこだろう……と探していたら、グレーのセーターを着た須賀さんがひょっこりと現れる。

「道がアイスバーンになっているから、気をつけて」

「はーい」

最初の会話だった。聞けばここは標高1500メートルとのこと。お宅に招き入れてもらえば、薪ストーブからの暖気が迎えてくれる。何よりの歓待だ。玄関の隣がすぐキッチンで、どうやらお鍋の準備が始まっていたようである。

「ケジャンって知ってるかな。生で食べるものだけど、鍋に入れてもうまかろうと思ってやってみたら、おいしくてね。きょうはケジャンを入れたキムチ鍋を作ります」

ケジャンとは韓国料理の一種で、生のワタリガニをコチュジャン、あるいは醤油ベース

のたれに漬け込んだもの。珍味美味として日本でも愛好者は多い。もともと生で食べた後の殻を出汁要員として加えていたそうだが、「そのまま入れたら汁がもっとうまくなるだろう」と思いつき、やってみたのだそう。

コンロの隣と後ろに窓が取られ、光のよく入るキッチンがうらやましい。

須賀さん、まずはにんにくをおろしはじめた。次に人気ソムリエの顔が印刷されたキムチを冷蔵庫から取り出す。これ、結構おいしいんだよな。

土鍋にキムチを入れてごま油で炒め、先のにんにくを加える。水を足して、味つけはコチュジャンと味噌で。大さじできちんと計量される。味噌を溶かした後の大さじで、そのまま味見。

「うん、うまい」

朴訥《ぼくとつ》な感じで、ボソッと言葉がもれた。

ベースが出来たら具材の準備だ。豆腐、ほうれん草、長ねぎを『GLOBAL』の包丁で切っていく。ゆっくりめではあるが危なげのない手つきで、動きに無駄がない。土鍋の隣には『ストウブ』の鍋が。須賀さん、料理にはかなり思い入れのある人らしい。

「いや、全然。そういうのは全部妻の趣味で。料理するようになったのはここ数年のことだし、今でもレシピがないと出来ない。オリジナルでは一切作れません」

須賀さんは今年72歳になる。料理には長いこと興味がなかった。

「ひとり暮らしの頃なんて、インスタントラーメン買い込んで1か月過ごすような生活で。料理というか、そもそも私が小さい頃は、男が食に関してあれこれ言うのはみっともないという空気があったし」

料理含め、男は家事に無頓着で「普通」という時代があった。別の角度からいうと、料理をはじめ家事的なことに興味があったり向いていたりしたとしても、そこに近づきにくい時代だったともいえる。私は須賀さんよりもっと下の世代で1975年生まれだが、小さい頃お正月に祖父母の家へ行って台所に入ると、「男がお勝手（※台所のこと）に近づくんじゃないの」と追い出されたことを思い出す。私は当時から料理にわりと興味があったから、作るところを見たかった。逆にいとこの女の子は遊んでいたくても調理の手伝いに駆り出される……。

ああ、話が逸れてしまった。須賀さんと家事の話に戻ろう。

「妻と暮らしはじめたのが48歳のとき。家事一切をやってくれていたけど、だんだんと彼女の仕事が忙しくなって、あるとき『一緒に住んでいる家のことを、どうして私だけが何もかもしているの？』と言われてね。それもそうだな、と思った」

根が素直なんです、とは10歳年下の妻さん談。ちなみに、作家として活動されている井上荒野氏である。

家事への参加は洗いものから始まった。だんだんと増えて、現在では階段と2階の掃除、猫トイレの管理、薪割り、ごみ袋の取り換え、そして週3回の夜ごはん作りを受け持っている。

6年ほど前、「なんとなく……やってみようか」と妻さんの誕生日に料理を作った。

「そしたらおいしい、すごいよと、ひたすら褒めてくれる。育て方がうまかったね。彼女は食に貪欲な人で、彼女の周囲の人たちもそう。一緒にイタリアンやらスペイン料理を食べに行ってみたら、うまいもんだな……ってね。腹に入ればなんでもいいでずっと来たのが、刺激を受けて」

少しずつ、意識が変わっていった。

「料理は面白いね。レシピのとおりにやれば、自分なんかでもそれなりにおいしいものが作れる。プラモデルを作るような楽しさがありますよ」

真っ赤な汁が土鍋にたぎる。

いただいてみれば、汁は見た目ほど辛くなく刺激は穏やか。ケジャン以外はもやし、にら、ちぢみほうれん草にきのこ、長ねぎが入る。カニと野菜のうま味が素直に味わえて、食べ飽きない。柔らかで弾力に富む豆腐は、ふたつ隣町の店まで買いに行くお気に入りだ。大豆の味も濃くて、キムチの味に負けていなかった。

しかし須賀さん、質問したことには答えてくださるが、無駄なことは話されない。小さい頃から静かな性分だったのだろうか。

「いやいや、そんなことは(笑)。私は山形の生まれだけど、米沢の言葉で〝きやます〟ってのがあって。ちょっと悪いニュアンスなんだ、お調子者で、ウケ狙いをするような。そんな子だったよ」

父親の仕事の都合により、6歳のとき一家で神奈川県の横浜市に越すことになる。須賀さんは6人家族、上に姉が3人いる。

「今の東神奈川のあたりで、家は六畳一間。昭和30年代ですよ。まだ防空壕に住んでる人もいたし、水上生活者もいた。想像もつかないでしょう」

山形時代には納豆売りをしたり、神奈川に越してからは新聞配達をしたりして家計を助けていた。

「働いてはいたけれど……子どもらしい時代を過ごせたね。あの頃は」

いとおしむような眼差しで、ゆっくりと言われた。

中学を卒業したら働こうと思っていたが、級友たちが「高校は行ったほうがいい」と強くすすめてくれて、工業高校に進む。サッカーやラグビーにのめり込むが、3年生になって引退してからは「やることがなくて」図書室に足が向いた。読書は性に合い、のちに本は人生の仕事ともなる。

「あの頃よく読んでいたのは……吉本隆明やボーヴォワールとか。卒業してからは、うちに居たくなくてね。でも何やっていいか分からない。とりあえず上京するかと」

工場勤務やスポーツ新聞の配達をしつつお金を貯め、絵に興味を持つようになりシルクスクリーン製作や着物の図案制作などの仕事にも就く。23歳からは長らく高円寺で過ごした。昭和50年代に入る頃である。

「高円寺、当時は古本屋がいっぱいあってね。店主を見てるといつも座って好きな本を読んで、いい商売だなあ……と思ったんだ」

憧れに似た気持ちはいつしか夢となり、30歳のとき西荻窪に古書店を開く。以来ずっと古書店のあるじであり、現在は通販専門にして続けられている。

「古本商売は仕入れる喜び、値段をつける面白み、売れたときの達成感、この3つがいいね。たまにとんでもないお宝に出合えることもある」

室生犀星の詩集の初版本を仕入れたときの話を興奮気味に教えてくれつつ、「肉、食べてる？　もっと入れようか」なんて気遣ってもくださる。野菜も都度加え、足し湯もした鍋のつゆはどんどんまろやかになり、最終的にシメのラーメンが加わった。『マルタイ棒ラーメン』が定番のよう。

キッチンには、ネットで気になったというレシピのプリントアウトが束になって置かれていた。レパートリーは今後ますます増えそうだが、現在は血圧の関係で減塩が命題、あまり好きなようには食べられない。

「でもおかげさまで食欲だけは中学生みたいでね、ハンバーグやコロッケ、とんかつなんかが今も好きなんだ」

きょういちばんの笑顔で、そう言われた。膝の上には愛猫が陣取る。名前は松太郎さん、なんと23歳！　食欲も実に旺盛で元気とのこと。うーん……飼い主共々、なんとあっぱれな胃袋であることか。そんなふたりを眺めつつ、妻さんが目を細めて晩酌され、薪ストーブが燃える。豊かな時間にお邪魔させてもらった。

角谷香織（すみや・かおり）さん
1988年、京都府京都市生まれ。京都大学大学院卒業。2015年、京都各地の農家さんと直接取引をして野菜を販売する『Gg's』を設立。京都市内にてひとり暮らし。

鍋をしたいときは
友人宅へ材料を持ち込むのが
いつものパターン

時は5月、京都を訪ねた。中心街から電車に数分も乗れば、静かな暮らしのある家並みが広がる。河原町《かわらまち》あたりの人だかりが嘘のようだ。地下鉄烏丸《からすま》線の北大路《きたおおじ》駅を出て6分ほども歩いただろうか、瓦屋根のお宅が増えてくる。京都の住宅街を歩くと、玄関わきに南天を植えられているお宅が多いなとよく思う。黒塀に植物が枝を伸ばし、黄色い花を咲かせていたお宅があって、風情があるな……なんて思っていたら角谷香織さんの営むお店にたどり着いた。

のれんをくぐれば、野菜がずらりと並ぶ。種類が豊富で、なんともカラフル。トマトや水菜などおなじみのものから、京都の伝統野菜である賀茂《かも》なすに季節の山菜、イタリア野菜のカーボロネロも並んでいる。値札には産地も書かれており、上賀茂、大原、山科《やましな》……と京都産が主体だ。すべての野菜は角谷さんが直接農家さんをまわって仕入れている。

小銭をにぎりしめた少年がおつかいに現れた。

「トマトと菜っ葉、ちょうだい」

「菜っ葉たくさんあるよ、どれがいい?」

しばし悩む男の子。大きなカゴを抱えた男性もやってきた。何種類もの野菜を次々とカゴに入れていく。

「近所で会社をやってるんですが、社員みんなのごはんを作ってるんです」

晴

おお、NHKの『サラメシ』に登場しそうな。

「鮮度のいい野菜や、めずらしい野菜も買えるのでありがたくて。日曜日しかやってないのが残念ですが」

角谷さんのお店（『晴れときどき雨、のちお野菜』という、なんとも印象的な店名！）は週1回だけの営業なんである。日曜日の開店を楽しみにしているご近所さんは多い。

月曜から土曜は、飲食店への卸《おろし》や個人注文への発送、そして車に野菜を積んで市内を移動販売する「振り売り」というスタイルでの活動が中心だ。

私はSNSでの発信から角谷さんを知った。京都各地の採れたて野菜の表情が魅力的で、たまにアップされる手づくりのおかずもおいしそうで。角谷さんはどんな鍋をされる方だろうか……と気になり、取材を申し込んでみた。すると、

「料理はするんですけど、ひとり鍋ってあまりしなくて。鍋を食べたいときは大体、誰かのところに野菜を持ち込んでいるんですよ」との返事をいただく。料理好きの友人におまかせでお願いしてしまうのだと。うーん、ますます気になる。今回はそんな機会にお邪魔させていただいた。

閉店時間の18時になったところで、のれんをしまって、明日の配達準備にかかる。受け

ている注文の整理をして、現在ある野菜の在庫リストを取引先に送るなどの仕事を済ませてから、車で10分ほどの友人宅へ向かう。あたりはもうすっかり暗くなっていた。しかし角谷さん、運転上手。毎日の仕入れや配送で慣れていることが伝わってくる。

この日持ち込んだのは、つくし、のびるといった山菜にクレソン、数種の菜花にせり、壬生菜《みぶな》（京野菜の一種）など。アク抜き済みのたけのこもどっさりと。全部広げて、緑がいっぱい。なんだか山間の旅館に来たみたいだ。

準備をして待ってくれていたご友人の真野遥さんは、東京と京都の2拠点で活動されている料理研究家さんだった。角谷さんとはSNSを通じて親交が出来たとのこと。

お鍋にはすでに、濃いめの昆布出汁に酒と醤油で味つけをされたものが張られていた。

「まずはしっかり煮たいものから入れましょう」と真野さん。

「しいたけ、たけのこ、お揚げさんとか？」

「そうだね」

それぞれたっぷりと入れて、カセットコンロの火をつける。関西では油揚げのことを「お揚げさん」と呼ぶ人が多い。響きがやさしくていいな、と耳にするたび思う。

煮ていくうち、昆布出汁にきのこのうま味とお揚げさんのコクが加わって、いいスープになってきた。そこに野菜類をしゃぶしゃぶするのがきょうの鍋。さあ、小さな宴の始まりである。

話を聞くうち、角谷さんのご実家は青果業や農業には一切関係がないと知って驚いた。今のお仕事をしようと思われたのは、どうしてだったのか。

「小さい頃に上賀茂の農家さんがうちのほうまで売りに来ていたんですよ。私、〝賀茂のおばちゃん〟と呼んでいて。農家の方がお得意さんをまわって野菜を売りにくるのが本来の〝振り売り〟です。おばあちゃんがよくその方からトマトを買っていました。それがおいしかったんですよ、とっても。私のおやつ代わりでした」

野菜との幸せな出合いが、心にずっと残っていた。長じて大学生になり、学業のかたわら音楽イベントにスタッフとして携わるようになる。コンサートで地方をまわるうち、福島県の農家さんと関わる機会があった。彼らの作る野菜の素晴らしさをFacebookなどで発信すると、「食べてみたい」「買いたい」という声が上がってきた。

そんな声に少しずつ答えているうち、京都の農家さんとも繋がりが出来る。

「農家さんが農家さんを紹介してくれるんです。何かしらの野菜が必要なときに尋ねると『じゃあAさんのところで聞いてみたら』、みたいな感じで」

フードイベントから声がけされて野菜を出品したり、カフェに野菜を卸すようになったり。定期的に注文をくれる飲食店もだんだんと増え、農家さんとの繋がりも広がっていった。

販売を手伝ってくれるスタッフはいるけれど、他のことはすべて角谷さんひとりでやっているので、大量の野菜は扱えない。それは注文する側にとっては、少量でも頼みやすく、細かいリクエストもしやすいというメリットになった。そして実際に野菜を買って食べた個人のお客さんやシェフの感想を、角谷さんは農家さんに都度届けている。励みにもなれば、改善を考えるヒントになることも多いようだ。

今後は常設の販売店を持つ、なんてことも視野にあるのだろうか。

「いや……それはないですね。在庫を常に抱えていると、どうしても野菜がダブついて、どんどん鮮度が落ちてしまうから。自分から声をかけて売っていくほうが、私には合ってるんです」

振り売りに出て、なじみのお客さんに「きょうは○○がいいですよー」と声をかけて回る。あるいは飲食店にプッシュする。実り過ぎた作物があって困っている農家さんがあれば、売りさばくのに協力することも。

京都の食の「持ちつ持たれつ」を繋ぐひとりが、角谷さんなのだな。

いろいろな野菜のエキスが混じり合った鍋の汁は、動物性のものが入ってないのに、深く満たされるおいしさがあった。つくしや菜花にからし菜、きのこやたけのこを一緒に鍋にしたのは初めてだったが、違和感なくまとまるものだなあ……。何が来ても受け止める、鍋の頼もしさを再確認する。

真野さんは野菜を使って、いろいろなおつまみも出してくださった。うどをピリ辛炒めにしたものや、菜花をイタリア料理のアーリオ・オーリオ風にソテーしたものなど。こんな使い方のアイディアも、角谷さんはきっと今度売るときお客さんに伝えたりするんだろう。畑と台所のユニークな流通を作られている角谷さん。彼女が運ぶ野菜のおいしさが心に残って、振り売りの仕事に興味を持つ若い人がそのうち出てくるかもしれない。

大貫伸弘（おおぬき・のぶひろ）さん　1986年、埼玉県生まれ。大学卒業後、営業職と飲食業を経験したのち、茨城県の久松農園で研修を受け2015年に自身の農園『Bonz farm』を設立する。露地栽培のみ、農薬や化学肥料を使わず年間50品目、約100種の野菜を育てている。埼玉県羽生市に妻、犬1匹と共に暮らす。

裏の畑からもぎたて ハンサムグリーンレタスがメインの 野菜しゃぶしゃぶ鍋

ハンサムグリーンレタスなる野菜をはじめて知った。いわゆる一般的なレタスとは形状が随分と異なって、パッと見たら「なんて野菜だろう?」とほとんどの人が思うはず。ギザギザとした葉先が印象的だ。

「葉肉が厚くて、食感もしっかりしてるんですよ。加熱してもおいしいから、きょうはこのレタスのしゃぶしゃぶにします。あとは大根やにんじんをピーラーでむいたのと、鶏肉を具にして」

大貫伸弘さんが野菜を収穫しながら教えてくれる。ここは埼玉県の羽生《はにゅう》市にあるBonz farm(ボンズファーム)、1ヘクタールほどの畑を大貫さんがひとりでやられている農園だ。ちなみに1ヘクタールとは100メートル×100メートル、都市部のコンビニだったら5~6軒はゆうに建ちそうな広さである。

「せっかくだし、白菜も入れましょうか」

いかにも身の詰まった感じの大きな白菜をひょいと手に取り、収穫される。大貫さんの手のひらが大きくて、立派な白菜がなんだかかわいく見えた。余分な葉っぱを切り落としていく乾いた音が、師走の空によく響く。

少し前のこと。都内の飲食店で出合った野菜の味わいが心に残った。甘みが強いとか、クセがなくて食べやすいというようなタイプのおいしさではなく、野菜本来の個性が感じ

られて、ずしりと響いてくるようなその味わい。

ご店主に聞けば「Bonz farmという埼玉の農園で、いい野菜を作ってる人がいるんです」と教えてくれる。こんな野菜を育てる人の食卓はどんなだろうと気になって、取材を申し込んだ。

実際お目にかかってみれば、36歳になる大貫さんは温和な風情の穏やかな人だった。そして背が高くて体格がいい。聞けば小学4年から大学まで野球をされて、高校時代は甲子園を真剣に目指していたという。

「年齢的にはダルビッシュ有さんと同級生です。外野手でたまにピッチャーでした。高校野球ではベスト16が最高です」

体育会系というとタテ社会、「しごき」が大変な毎日だったのかなと思って聞いてみると、「理不尽な指導者には幸運なことに一度も遭ってないんですよ」と笑われた。

畑と地続きにある住まいに野菜を運んで、鍋の仕込みが始まる。まだ新居の感じが残る2階建ての住宅だ。高校が一緒だった妻さんとは2018年に結婚。共働きで、早く仕事を終えたほうが夜ごはんを作っている。

ふたり暮らしにしては大きな土鍋が、コンロの上で存在感を放っていた。

「実家でもう30年選手の鍋を持ってきたんです。やっぱり今でも昔のクセで、ついついっぱい食べちゃうんですよね。だから気をつけてますよ、お腹まわりが気になる年頃ですから(笑)」

話しながらも、手は休めない。白菜を大ぶりに刻んで、鶏肉をひと口大にカットし、鍋に詰めていく。このふたつを先に水から煮ておいて、レタスしゃぶしゃぶのベースのおつゆとする。料理は学生の頃に飲食店の厨房でバイトをして、ある程度を身につけた。

しかしなんというのか……鍋にやっぱり風格があって、ちょっと見惚れてしまう。ふたの穴から、鶏が煮えるうまそうな匂いの湯気が吹きはじめた。

「すぐ隣が実家なんですけど、いちばん多いときで祖父母も入れて7人家族で。正月の七草がゆとか、冬場の湯豆腐もこの鍋でやっていましたね」

折々で隣の畑から季節の素材を刈り取っては煮炊きをする日々。大貫さんの生きてきた歳月がちょっと見えてくるような気がした。野球少年の育ち盛り、食欲も旺盛だったろうなあ。

「だから七草がゆとか湯豆腐はそんなに楽しみじゃなくて(笑)。うちの七草がゆにはかまぼこも入るんですけど、そればっかり食べてましたね。湯豆腐なら白身魚とシメのうどんが楽しみで」

少年時代の夢は野球選手だった。社会に出る頃には野球のトレーナーを目指した時期もあったが、次第に経営や飲食にも興味を持つようになる。26歳のとき、勤めていたレストランでちょっとした人生の事件があった。茨城県土浦市にある、久松農園の有機野菜との出合いである。

「もう圧倒的にうまかったんです、野菜自体の生命力がハンパなかったんですよ……!」

ずっと淡々と話されていた大貫さんの口調が、このときだけ熱を帯びた。当時感じた興奮がまだ心の内にあるのだろう。

「ちょうどその頃、家業としての農業をどうするか考えていた頃でした。正直、やりたくない気持ちもずっとあったんです。だから他の仕事にも就いて」

大貫さんの畑は宅地の中にある。いや、もともと周囲含めてすべて田畑だったのが、ここ30年ぐらいでだんだんと宅地化されていったのだ。

「僕が継がないと、うちの畑もいつか潰されることになるんだろう……と想像したとき、絶対それは嫌だと瞬間的に思って」

迷いがなくなった。28歳のときに農業を学ぼうと決意し、久松農園の研修生となる。

「久松さんのところは、少人数で年間多品目の野菜を作っているんです。将来的に自分がやりたい農業の形と同じだったので、現場でぜひ学ばせてもらいたいと思って。平日は農業研修、週末はバイトをして、休みのない2年間を過ごしました」

大変な期間でしたかと尋ねると、しばし考えられてから

「いや、そうでもなかったです。もともとあまり休みたいとか……考えない性格なんですよね」

サラッと言われた。その言葉には、なんというのかドヤ感というのか、衒《てら》ったところが私にはまるで感じられなかった。このまめまめしい気質は十代を捧げた野球というスポーツが培ったものなのだろうか。ちょっと見上げるような気持ちになった。

さて、鍋も煮え頃である。鶏と白菜の出汁がよく出たスープに、ハンサムグリーンレタスを数回しゃぶしゃぶして、ぽん酢でいただいた。おお、シャキシャキとした食感が楽しい。葉先の切れ込みにつゆがよく絡むのが発見だった！　豚しゃぶや寄せ鍋に入れても面白そうだ。

「一般的なレタスは柔らかいから生がおいしいけれど、ハンサムグリーンレタスみたいに葉肉がしっかりした種類のレタスは、チャーハンや炒めものに向くんです。だったらしゃぶしゃぶにしてもうまいだろうと思って始めたんですよ」

まだ一般的にはなじみのない野菜の良さや使い方も、お客さんに伝えていきたいな……と、大貫さんがひとり言のようにつぶやいた。

最後に「今、いちばんよく考えることは何ですか」と訊いてみる。「より良い畑作りです」と即座に返ってきた。ご自身はまだまだ農業家として納得がいっていないようだった。「理想の畑にはほど遠いんです。僕は畑作りと栽培が上手じゃない。土の盛り方、排水路の作り方なども毎年考えては試してみるけど、なかなかうまくいかなくて。昨年は雹《ひょう》にやられて、せっかく育てたなすやズッキーニが1日でダメになってしまう経験もしました」

自然相手の商売、予想もつかないことが起こる。途方に暮れる日もあるだろう。だが「ちょっとずつデータも蓄えられてきたし、見えてきた部分もあるんですけどね」と明るい表情を見せてくれた。

ちなみに雹にやられた作物は、つきあいのある人たちからすぐに注文が来て、なんと完売に。煮込みやスープにする分には何の問題もないからと。みんな大貫さんが育てる野菜の味と、人柄のファンなのだろう。

取材帰り、あらためてBonz farmを見渡した。大貫さんは農家として四代目にあたるそうだが、記録が残っていないだけで実際はもっと以前から農業を営まれてきたらしい。トラクターなどの農機具もない昔に、病虫害や冷害などに強い品種も、あるいは水道すらない昔に、ずっとここで農業を続けて作物を育て、食べて暮らしてきた人々がいたわけである。どれほどの思いと念がしみ込んでいる土地だろうか。

宅地に囲まれた1ヘクタールの農地がとても尊いものに感じられてくる。なんだかそうしたくなって、畑に向かってひとり黙礼をしてから駅に向かった。

あとがき

「こんな鍋で、いいんですか」

取材中にいちばんよく言われた言葉かもしれない。

「なんの変哲もない鍋ですよ」

だから、いいんです。

「私の鍋なんかじゃ絵になりませんよー」

私から見たら、すごくいい絵です。だから、撮らせてほしい。もっとあなたの鍋と人生について教えてほしい——そんな願いを聞いてくださった18名の方たち。単行本化にあたって久々に連絡を取ったら近況を教えてくださった。あとがきに書いてもいいですかとお願いして、お許しを得た一部をここに記したい。

取材時は大学卒業間近、進路に悩まれていた石原汐梨さん。菓子製造関係の勤め口を得たと聞けたのはうれしかった。日々の料理も「誰かのレシピを参考にするだけでなく、自分なりのレシピで」作るべく努力されていると。味噌煮込み鍋の夏目楓太さんは家からそう遠くない店舗に配属、「環境にも人にも恵まれた職場で」張り切っているようだった。

「具材は4つだけ、お酒だけで煮る鍋」の望月啓子さん、海外の浴場を視察したいという夢を早速叶えてフィンランド、エストニア、チェコを周ったと弾む声で教えてくれた。フィンランドサウナ、現地で見ればイメージとかなり違ったらしい。

海外といえば韓国出身の白寅宰さんは今年8月にようやくの里帰り、「実家ごはん、何も変わってなくて、おいしくて」というシンプルな言葉が沁みた。お母さんはどんな表情で彼を迎えたことだろう。本書内で最年長の加藤哲也さん、メールを送ったら返信1行目に「まだ生きてます」とあったのには、まいった。趣味の旅行を再開、タイはバンコクに行かれていたそう。お元気だなあ！

鶏団子鍋の粂真美子さんは見事に再選を果たされ現在も市議として活躍中、お祝いを申し上げた。漫画家のニコ・ニコルソンさんは取材時に執筆されていた『古オタクの恋わずらい』が完結、単行本最終巻の展開にはグッと引き込まれてちょっと泣いてしまう。

レシピを参考にするなり、誰かの見真似なりで始めた料理が、慣れてくるうち「〇〇を入れてもいいんじゃないか？」「この工程は省いてもいいかな」なんて考えも浮かび、削ぎ落とされていくものあり、足されるものもあり。完成形はその人の好みと優先度の集合体となる。名前のない鍋とはそんな料理なのだと思う。どこにでもあるようで、そのひとの家にしかない。作り手のリアルが詰まった鍋を目の前にするたび私は「このひとはどんな人生を歩んできたのだろう」という思いが湧いて、あれこれと尋ねたくなる。不躾に質問を重ねても真摯に答えてくださった皆様に、あらためてお礼申し上げます。

文京図案室の廣田萌さん、最高の表紙と書内デザインで世に出せることが私はたまらなくうれしいです。そして書籍化の筋道をつけてくださり、的確なサポートと率直な意見を与え続けてくれた編集者の須田奈津妃さんにはお礼をいくら述べても足りません。本当にありがとうございました。

さて、教えてください。あなたのきょうの鍋は、なんですか。

2023年9月　白央篤司

白央篤司《はくおうあつし》

フードライター、コラムニスト。1975年生まれ、早稲田大学第一文学部卒業。出版社勤務を経てフリーに。日本の郷土料理やローカルフード、現代人のための手軽な食生活の調え方と楽しみ方、より気楽な調理アプローチを主軸に企画・執筆する。メインテーマは「暮らしと食」。著書に『にっぽんのおにぎり』（理論社）、『ジャパめし。』（集英社）、『自炊力』（光文社新書）、『台所をひらく』（大和書房）などがある。

写真　すべて白央篤司
デザイン　廣田萌（文京図案室）

名前《なまえ》のない鍋《なべ》、きょうの鍋《なべ》

2023年10月30日　初版第一刷発行

著者　白央篤司《はくおうあつし》
発行者　三宅貴久
発行所　株式会社 光文社
〒112-8011
東京都文京区音羽1-16-6
編集部　03-5395-8172
書籍販売部　03-5395-8116
業務部　03-5395-8125
メール　non@kobunsha.com
落丁本・乱丁本は業務部へご連絡くだされば、お取り替えいたします。

組版・印刷所　新藤慶昌堂
製本所　国宝社

ISBN978-4-334-10101-5